사람이
백화점에는 있다

백화점에는 사람이 있다: 상품 뒤에 가려진 여성노동자들의 이야기

발행일 초판1쇄 2016년 8월 20일 | **지은이** 안미선 · 한국여성민우회
펴낸곳 (주)그린비출판사 | **펴낸이** 이희선 | **신고번호** 제25100-2015-000097
주소 서울시 은평구 증산로1길 6, 2층 | **전화** 02-702-2717 | **이메일** editor@greenbee.co.kr

ISBN 978-89-7682-797-5 03330
이 도서의 국립중앙도서관 출판시도서목록(CIP)은 서지정보유통지원시스템 홈페이지(http://seoji.nl.go.kr)와
국가자료공동목록시스템(http://www.nl.go.kr/kolisnet)에서 이용하실 수 있습니다.(CIP제어번호: CIP2016018562)

나를 바꾸는 책, 세상을 바꾸는 책 www.greenbee.co.kr

상품 뒤에 가려진
여성노동자들의 이야기

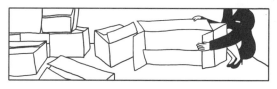

백화점에는 사람이 있다

안미선 · 한국여성민우회 지음

B
그린비

．
．
．

웃고 싶지 않은데 웃어요. 자꾸 웃거든요. 나는 매일 웃는 사람
입니다. 웃는 사람입니다, 라고 말하면서 지금도 웃지 않았나요?
웃고 싶은 건 아니었는데요 이렇게 웃습니다. 자꾸 웃거든요, 라
고 말하면서도 내가 자꾸 웃거든요. 너는 누구입니까, 어떤 사람
입니까. 그러므로 그런 질문을 받으면 나는 이렇게 대답합니다.
매일 웃는 사람입니다.

— 황정은, 「복경」 중에서 (『한국문학』, 2015년 봄호)

"백화점에서 '사람'을 본 적 있나요?"

'우리가 간다! 바꾼다!'를 모토로 한 '우다다액션단'의 발족식을 위해 영등포의 한 백화점 앞에 갔던 날이 기억납니다. 우리는 서울을 비롯한 각지의 백화점을 직접 돌아다니며 백화점 판매직 노동자들의 일하는 환경을 모니터링하게 될 '시민 모니터링 액션단'이었지요. 우리가 왜 여기에 섰는지, 몇 사람의 발언이 이어졌습니다. 까만 양복을 입은 백화점 관계자들이 한쪽에서 우리를 지켜보고 있었고, 지나가던 많은 시민들은 우리가 들고 있던 피켓의 문구에 관심을 기울여 주었습니다──"백화점 노동자의 든든한 빽, 시민들이 함께 바꿔 나가요". 액션단의 모습을 찍은 사진은 신문 여기저기 많이 실리기도 했습니다. 그날부터 우리는, 백화점으로 가 '사람'을 보았습니다. 아니, '사람'을 보기 위해, 백화점에 갔습니다.

'우다다액션단'의 발족식이 있기 1년 전인 2013년, 우리 사회는 백화점 노동자 두 분의 자살 소식을 접하게 되었습니다. 그전부터 식당,

마트 등 여성노동자들이 많이 일하고 있는 서비스 직종의 노동 환경을 인권적으로 바꾸기 위한 활동을 지속해 왔던 한국여성민우회(이하 민우회)는 이 사건을 계기로 대표적인 서비스직인 백화점 노동자들의 노동 환경에 주목하게 되었습니다.

먼저 백화점 노동자들의 노동 실태를 구체적으로 파악하기 위해 당사자 인터뷰를 진행했고, 2013년부터 2015년까지 열네 분의 백화점 판매직 노동자들을 만났습니다(그 중 열두 분의 이야기가 이 책에 실렸습니다). 인터뷰를 통해, 서비스·판매직에서 일하고 있는 여성들이 장시간 노동과 매출 압박, 끊임없는 감시와 감독을 받는 등 '물건'보다 낮은 대우를 받거나, 그 존재가 인식되고 있지 않다는 걸 알게 되었습니다. '고객에게 질 높은 서비스를 제공한다'는 백화점의 서비스 정책 때문에 백화점 노동자들은 손님이 없어도 '서비스 라인'에 서서 깍듯이 인사를 하고, 고객의 모든 요구를 들어주어야 했습니다. 뿐만 아니라, 백화점은 '서비스 품질 개선'이라는 미명하에 '미스터리 쇼퍼 제도' 등을 도입하여 노동자를 극도의 긴장 상태에 두고 있었습니다.

우리는 백화점 노동자들의 이런 이야기들을 '시민들의 눈과 목소리로' 전하고 싶었습니다. 서비스·판매직에 종사하는 여성들의 노동 환경이 변화해야 한다는 것에 공감하는 시민들이 모여, 직접 발로 뛰어 백화점 노동 환경의 실태를 확인하고 시민의 목소리로 또 다른 시민들과 백화점에 변화를 요구하며, 그야말로 '백화점 노동자의 든든한 빽'이 되어 주면 좋겠다 싶었습니다. 2014년의 봄날, 민우회는 '우리가 간다! 바꾼다!'라는 취지의 일명 우다다액션단을 모집했고, 서울을 비롯해 고양, 파주, 광주, 춘천 등지에서 39명의 액션단이 모였습니다. 그 중에는 이전에 백화점에서 노동자로 일해 본 경험이 있는 사람들도, 백화점에서 일하는 지인을 둔 사람들도 있었습니다. 지나치게 화려한 백화점의 이미지에 주눅이 들어 왠지 모를 불편함이 들었던 경험도, 편하게 선물이나 필요한 물건을 살 수 있어 즐겨 찾게 되더라는 경험도 서로 나누었지요. 우리는 백화점의 고용 구조와 유통 구조 등에 대한 강의를 들었고, 각자 시간을 내어 백화점에 다녀왔습니다. 이렇게 다녀온 백화점 매장이 총 499개 매장입니다.

온갖 상품으로 가득한 백화점에, "물건이 아닌 '사람'을 보러 간다"라는 액션은 생각보다 더 낯설고 신기한 경험이었습니다. 늘 물건만 보이는 안경을 끼고 다니다가, 갑자기 물건 대신 사람이 보이는 3D 안경을 낀 것 같았달까요? 화장품 매장에서 건네주는 샘플이나 새로 나온 화장품을 보는 대신에, 그 화장품을 건넨 사람이 손님들에게 건네는 말들에 더 귀 기울이고, 백화점 매장에서 팔고 있는 신발이나 의류를 보는 대신에, 백화점 노동자들이 신고 있는 신발과 유니폼이 불편하지는 않은가를 더 눈여겨보았습니다.

그러자 많은 것들이 눈에 들어왔습니다. 백화점에는 '백화점'(百貨店)이라는 이름에 담긴 의미처럼 물건만 많은 줄 알았지, 그렇게 많은 사람이 일하고 있는지 몰랐습니다. 큰 백화점의 경우에는 한 개 층에만 100명이 넘는 판매직 노동자가 일하고 있다고 하니, 백화점 건물 하나가 마치 작은 마을처럼 느껴졌습니다. 창문 하나 없이 높고, 크고, 각진 모습의 백화점 건물을 바라보면서, 화려하지만 위압적인 얼굴을 가진 마을 같다는 생각을 하며, 우리는 백화점 안으로 발걸음을 옮겼습니다. 묵직한 유리문을 밀고 들어가자 가장 눈에 띈 것은 높은 천장에 매달린 눈부신 조명과 군데군데 설치된 CCTV들이었습니다. 우리는 백화점의 층마다 돌아다니며 CCTV의 개수를 세어 보았습니다. 매장 안팎과 계산대 위에 빼곡히 설치된 백화점의 CCTV를 보며 '저 수많은 눈들이 일하는 사람의 일거수일투족을 지켜보고 있겠구나'라고 생각하니 숨이 막혔습니다. 비상계단에까지 설치되어 빨간 전원 표시를 반짝이며 돌아가는 CCTV를 보며, 탄식을 내뱉을 수밖에 없었습니다.

물건도 사람도, 그리고 CCTV도 참 많은 백화점에는, 좀처럼 찾아보기 힘든 풍경들도 있었습니다. '앉아 있는 백화점 노동자', '안경을 낀 여성노동자', '고객용 화장실을 이용하는 백화점 노동자'입니다. 앉지 못하는 것뿐만 아니라 앉을 의자조차 없다는 것이 못내 충격적이었습니다. 이렇게 직장 건물은 화려하고 근사한데, 알고 보면 '의자 하나 주지 않는 직장'이라니 말입니다. 화장품이나 액세서리 매장이 많은 백화점 1층에서는 '안경 낀 여성노동자' 또한 찾을 수 없었습니다. 백화점은 시력이 좋은 사람만 뽑는 것도 아닐 텐데, 거짓말처럼 안경 낀 사람이 이렇게 없다니, 이상한 일 아닌가요? 물기 한 방울 없이 깔끔한 '고객용' 화장실뿐만 아니라, 엘리베이터와 에스컬레이터에서도 우리는 백화점 노동자를 만나 볼 수 없었습니다. "이 제품, 좀더 작은 사이즈는 없나요?"라고 했을 때, "잠시만 기다려 주십시오, 고객님" 하고 달려가 재고품을 가져온 백화점 노동자는 어디로 어떻게 다녀온 것인지, 궁금했습니다. 우리가 백화점에서 많이 발견한 것과 전혀 발견하지 못한 것들은 어쩐지 조금 뒤바뀌어 있는 것 같았고, 우리는 백화점을 방문하는 내내 '우리가 이 노동 환경의 생생한 목격자가 되자'고 다짐하게 되었습니다.

하지만 단연, 기억에 남는 순간은 '스태프 온리STAFF ONLY 구역'에 들어가던 날이었습니다. 백화점 곳곳에 '관계자 외 출입금지', '스태프 온리 구역', '고객 출입 제한 구역'이라고 써 놓은 문이 있습니다. 그 공간 너머에는 어떤 풍경이 펼쳐져 있을까요? 고객의 눈에 가장 화려하고 편리해 보이게 꾸며진 백화점이지만, 그 고객에게 '금지된 공간'인 그곳의 풍경이 참 궁금했습니다. 스태프 온리 구역의 출입문을 밀고 들어갔을 때, 어떤 곳은 철로 만들어진, 사람 키 높이의 기다란 사물함이 좁은 복도 양쪽에 가득 들어서 있었고, 어떤 곳은 상품으로 가득 찬 박스들이 공간을 한가득 메우고 있었습니다. 어딜 가나 상품이 담긴 종이박스들이 가득 가득인 모습을 보며, 확실히 그곳은 '직원들을 위한 공간'이라기보다는 '상품만을 위한 공간', 즉 창고 같다는 생각을 지울 수 없었습니다. 물건은 다리가 아프지도 않고, 잠시 햇볕을 쬐고 하늘을 보며 맑은 공기를 들이마실 필요도 없으니, '물건만을 생각한' 창고에는 의자나 창문이 필요 없는 것이겠지요. 그런데 여기는 엄연히 'STUFF ONLY'(물건 전용)가 아닌, 'STAFF ONLY', 직원들을 위한 공간이었습니다.

백화점 실내에서 문 하나 넘었을 뿐인데, 삽시간에 밋밋한 무채색의 공간이 나타났고, CCTV가 달린 복도를 따라 걸어가자, '직원 전용 화장실'이 나타났습니다. '여기서 살아도 되겠다' 싶을 만큼 좋아 보이는 고객 전용 화장실과 달리, 그곳은 서너 칸 딸린 작고 허름한 화장실이었지요. 화장실 안에도, 물건이 담긴 박스가 가득 들어가 있어서 실제로 사용할 수 있는 화장실 칸은 두어 칸 정도로 보였습니다. 그 작은 화장실을, 100명도 넘는 백화점 노동자들이 함께 사용하고 있었습니다. 게다가 매 층마다 직원용 화장실이 있는 게 아니어서, 화장실에 가려면 백화점 노동자들은 손님이 없는 시간을 틈타, 운동장만큼 넓은 백화점 층을 지나, 직원 전용 계단이나 엘리베이터를 타고 아래층 혹은 위층의 화장실까지 가야 한다고 했습니다. 그 동선을 생각하니, 매장을 오래 비울 수도 없는 백화점 노동자에게는 화장실에 가는 일조차도 '작은 모험'일 수 있겠구나 싶었습니다.

비상계단에서는 어두침침한 층계에 앉아 '쉬고 있는' 백화점 노동자도 만났습니다. 우다다액션단이 방문했던 몇 군데 백화점의 **직원 휴게실**을 떠올려 보면, 왜 직원 휴게실에 가지 않고 비상계단에 앉아 쉬는지 알 것 같았지요. 대형 백화점의 외양과는 전혀 별개로, 백화점 직원 휴게실은 너무 허름하고 좁았습니다. 너무 낡아서 다 찢어진 소파, '백화점 전 층에 일하는 사람이 수백 명인데 여기엔 몇 명이나 들어올 수 있을까?' 의문이 드는 작은 크기, 편의시설이라고는 정수기와 자판기가 전부인 그곳은 '여기가 과연 백화점의 휴게공간이 맞나?' 싶을 정도로 열악했습니다. 몇 군데 백화점에서는 '직원 휴게공간'이 비상계단이나 쓰레기통 앞에 둔 간이의자였습니다. 심지어는 비상계단 앞에 "감시 카메라로 신분 파악 가능하니 이곳에서 취식하지 말라"는 경고문도 붙어 있었습니다. 들어가지 말라는 곳에 몰래 들어가 콩닥거리는 심정으로 그 공간들을 관찰하고 나오면서, 우리는 그 작은 모험을 통해 마치 '달의 뒷면'을 보고 나온 것 같았습니다.

우다다액션단은 뚜렷하게 대비되는 고객의 공간과 백화점 노동자의 공간을 사진으로 남겼습니다. 그런 사진들을 전시하며 백화점에 요구하고 싶은 변화의 지점들과, 시민들에게 요청하고픈 변화의 지점들을 모아 서울 신촌의 한 백화점 앞에서 캠페인을 할 때였지요. 백화점 노동자들의 열악한 노동 환경에 관한 사진을 보던 시민들이 말을 걸어왔습니다. "저도 백화점에서 일해 본 적 있어요." "저는 다른 서비스 직종에서 일해요. 근데 저 사진들과 열악한 노동 환경에 대한 이야기들이 제가 일하는 곳의 이야기라고 해도 믿을 만큼 상황이 비슷하더라고요. 그래서 공감이 많이 갔어요." 우리들이 건넨 말에 시민들이 응답해 주었을 때, 자신의 또 다른 이야기들을 기꺼이 들려주었을 때, 우리는 변화의 작은 단초를 본 것 같았습니다. 더 많은 말을 건네야겠다는 용기를 얻었습니다.

그렇게 얻은 작은 용기로 민우회와 우다다액션단은 거리에서, 백화점 앞에서 시민 캠페인을 함께 진행했고 오마이뉴스에 연재기사를 싣기도 하는 등 다채로운 활동을 펼쳤습니다. 인터뷰를 통해 만난 백화점 판매직 노동자들의 이야기와, 우다다액션단이 포착한 백화점 노동 환경의 현실은 언론 보도를 통해 많은 시민들의 공감과 지지를 받았습니다. 많은 분들이 '서비스 판매직 노동자들의 노동 환경이 열악한 줄은 알았지만, 백화점마저 이 정도일 줄은 몰랐다'라며 변화의 필요성에 공감해 주셨습니다. 우다다액션단은 시민들과 함께 '7가지 고객의 약속'과 '백화점에 요구하는 6대 요구안'을 만들었고, 백화점 측에 이 요구안을 전달했습니다.

그러나 우다다액션단의 활동 전후로도 백화점을 둘러싼 '갑질' 논란은 계속되고 있습니다. 백화점 고객이 주차요원의 뺨을 때리고 무릎을 꿇게 한 사건을 시작으로, 최근만 하더라도 많은 '백화점 고객 갑질' 사건들이 언론을 타고 전해졌습니다. 백화점 매장에 찾아와 무리한 교환 요구를 하며 노동자의 무릎을 꿇리고 폭언을 퍼부은 사건, 고객이 노동자를 폭행한 사건 등이 언론에 크게 보도되며 사회적으로 큰 반향을 일으켰습니다.

이 책을 통해 여러분이 만나게 될 백화점 노동자들 역시 이런 '진상 고객'을 만난 여러 경험들을 들려주고 있습니다. "애매한 것들이 한두 가지가 아니"고, "진짜, 상상하지 못한 여러 가지의 말도 안 되는 경우의 수가 있는" 백화점 현장. 하지만 비난의 화살은 비상식적인 '진상 고객'만의 몫은 아닙니다. '진상 고객'이 가능한 배경에는 다름 아닌 '백화점'이라는 사업장이 있기 때문입니다. 일부 언론에서 지적하였듯, 잘잘못을 따질 일정한 원칙도, 백화점 노동자들을 보호할 아무런 방책도 없이 그저 '골치 아픈 사건'을 무마하려고만 하는 백화점의 무책임한 태도 역시 문제라고, 백화점 노동자들은 입을 모아 말하고 있었습니다.

잊을 만하면 미디어에 등장하는 '갑질' 사건들이 보여 주는 것처럼, 백화점이 좀더 나은 환경의 일터가 되기 위해서는 아직 가야 할 길이 멀지 모릅니다. '고객'인 시민들이 바뀌고, 백화점의 서비스 정책이 바뀌고, 그리하여 백화점 노동자들이 좀더 인권 친화적인 환경에서 노동할 수 있도록, 더 많은 이들의 공감과 지지가 필요합니다. 이 책을 읽어 주시는 분들이 함께 그 '든든한 빽'이 되어 주셨으면 좋겠습니다.

이 책에는 백화점의 화려한 외양에 가려 볼 수 없었던 '달의 뒷면'과도 같은 이야기들이 담겨 있습니다. 인터뷰를 통해 만난 백화점 노동자 당사자 분들이 '달의 뒷면'에서 용기 내 들려주신 생생한 이야기들입니다. '물건'에 대한 이야기는 넘쳐나지만 '사람'에 대한 이야기는 귀한 시대, 백화점의 촘촘한 감시망 속에서 어렵사리 진행된 인터뷰 속에는 바로 그 '사람'에 대한 이야기가 있었습니다. 백화점에서는 서비스와 물건을 판매하는 노동자이지만, 어딘가에서는 또 고객이기도 한 인터뷰이들의 이야기, 그러므로 또 어딘가에서 노동자인 동시에 고객인 '수많은 우리들의 이야기'이기도 한 인터뷰이들의 생생한 목소리에 귀 기울여 주시길 부탁드립니다.

이 책이 나오기까지 많은 분들의 도움이 있었습니다. 무엇보다 "백화점의 열악한 환경을 더 많은 분들에게 알리는 데 도움이 되면 좋겠다"며 어려운 시간을 내 인터뷰에 응해 주신 백화점 노동자 당사자 분들이 없었다면 이 책은 세상에 나올 수 없었을 것입니다. 이야기를 들려주시고, 그 이야기들이 책에 실릴 수 있도록 용기 내 동의해 주신 백화점 노동자분들께 큰 감사를 드립니다.

그리고 세 계절 동안 부지런히 백화점 안팎을 오가며 연재기사 작성부터 후기 작성까지 '말과 몸과 마음으로' 함께해 준 우다다액션단 참여자들, 또 이 활동이 전국적으로 확산될 수 있게 여러 지역에서 우다다액션단 활동과 캠페인으로 함께했던 지역여성민우회에 깊은 감사를 전합니다.

특히, 모든 자료를 꼼꼼히 읽어 보고 마음을 다해 글을 써 준 안미선 작가님께 각별한 감사의 인사를 전합니다. 그리고 보다 충실한 책이 될 수 있게 연구 자료를 흔쾌히 공유해 주신 한국노동사회연구소 김종진 연구위원님, 다방면으로 도움을 주신 민주노총 서비스연맹, 정보를 찾기 어려웠던 백화점 업무 관련 용어의 이해에 도움 주신 로레알 코리아 노동조합, 흔쾌히 이 책의 추천사를 써 주신 은수미 전 국회의원님과 권김현영 선생님, 출판의 전 과정에서 애써 주신 그린비 편집부에게도 따뜻한 감사의 인사를 전합니다.

2016년 8월
한국여성민우회 여성노동팀

민우회가 인터뷰한
백화점 노동자들

인터뷰이	매장 구분	경력
문수연	백화점 식품 매장	7년
이은영	백화점 의류 매장	19년
주은아	백화점 의류 매장	6개월
정민혜	백화점 잡화 매장	16년
박정아	백화점 잡화 매장	2년
한아름	백화점 잡화 매장	1년 4개월
정혜란	백화점 화장품 매장	17년
김희진	백화점 화장품 매장	16년
유소영	백화점 화장품 매장	11년
최지은	백화점 화장품 매장	1년 6개월
김지혜	백화점 화장품 매장	1년 4개월
윤강희	면세점 화장품 매장	6년

★ 인터뷰로 참여한 백화점 판매직 노동자들의 이름은 모두 가명으로 적어 주었습니다.

★ 한국여성민우회 여성노동팀은 2013년부터 2015년까지 모두 열네 분의 백화점 노동자들을 만나 인터뷰하였습니다. 단행본 집필 및 출간을 위해 인터뷰이들의 동의를 구하였고, 그 중 열두 분의 목소리를 실을 수 있었습니다. 인터뷰이들의 익명성을 보장하기 위해 매장 이름, 상품 종류 등 신원을 드러내는 내용은 명시하지 않았고, 일부 개인 정보는 변경한 것임을 밝힙니다.

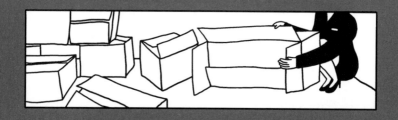

1부
· · ·

**백화점
노동의
이면**

아름다운 백화점, 그 안의 위태로운 노동

✦ 같은 공간에 있지만, 고용은 제각각 ✦

쾌적한 백화점 안에 들어서면 마주치게 되는, 웃고 있는 단정한 노동자들. 그들은 백화점의 일부인 양 자연스러워 보이지만, 백화점은 그들에게 위태로운 일터이다. 그들은 백화점에 소속된 노동자가 아니며 고용이 불안정한 경우가 대부분이다. 백화점에는 소수의 정규직과 함께 계약직, 용역직, 파견직, 일용직, 임시직, 아르바이트 등 다양한 비정규직이 공존한다. 늘어난 간접고용 때문에 많은 노동자들이 파견 노동자로, 특수고용 노동자로 일한다. 아름답고 균질해 보이는 백화점 안에서 서로 다른 형태의 비정규직 노동자들이 함께 일하고 때로 갈등한다.

20여 만 명이 일하고 있다는 백화점, 대부분의 노동자들은 그 안에서 어떻게 일하고 있는 것일까. 특히 여성이 대부분인, 간접고용된 판매직 노동자들은 자신의 일을 어떻게 경험하고 있을까.

엄청나게 복잡한
백화점 고용 구조도

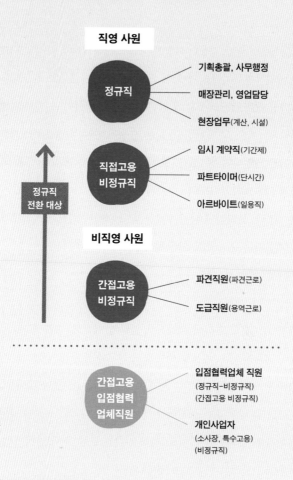

직영 사원

정규직
- 기획총괄, 사무행정
- 매장관리, 영업담당
- 현장업무(계산, 시설)

직접고용 비정규직
- 임시 계약직(기간제)
- 파트타이머(단시간)
- 아르바이트(일용직)

정규직 전환 대상

비직영 사원

간접고용 비정규직
- 파견직원(파견근로)
- 도급직원(용역근로)

간접고용 입점협력 업체직원
- 입점협력업체 직원
  (정규직−비정규직)
  (간접고용 비정규직)
- 개인사업자
  (소사장, 특수고용)
  (비정규직)

★ 출처: 김종진 외, 『유통업 서비스·판매 종사자의 건강권 실태조사』, 국가인권위원회, 2015.

백화점에서 일하는 사람 대부분은 파견직이죠. 아웃소싱[파견]은 2년 후에 정직원 전환이 되는데 대부분 잘 안 지켜져요. 그전에 자르거나 다른 곳으로 일하러 가라고 하더라고요. 정말 나빠요. 아웃소싱이 사회의 악이에요. 이전엔 정규직으로 했을 일을 다 세분화하고 나누니까 약자의 약자의 약자를 만드는 것 같아요. :: 한아름, 백화점 잡화 매장

백화점에서 직접 고용한 사람은 사실상 관리직밖에 없어요. 나머지는 다 파견사원들이에요. 백화점 카드 업무 보는 분들도 특수고용이고, 백화점 경비보안 시스템에 관련된 분들도 파견이고, 백화점 캐셔는 계약직이에요. 의류 매장 쪽 같은 경우에, 매니저 대부분은 특수고용이어서 개인사업자이고, 일정 금액의 수수료나 배당 금액을 받아요. 전체 매출액의 5~10%를 받아서 직원을 고용하는 업체가 있는가 하면, 매니저 본인만 중간 수수료를 받고 나머지 직원은 회사에서 급여를 지급하는 곳도 있고, 고용 형태는 굉장히 다양해요.

:: 문수연, 백화점 식품 매장

예전에는 저희 회사에 계약직이 거의 없었어요. 요즘엔 계약직으로 많이 전환을 해요. 필요할 때는 쓰고 이후에 부담 없이 퇴사를 시킬 수 있게끔 계약직으로 돌리는 추세예요. 현장에서 고충을 들어 보면, 정규 직원을 넣어 줘야 매장이 안정이 되는데 다 비정규직을 넣어 줘서 너무 수시로 바뀌는 거예요. 계약 기간은 보통 6개월인데, 1년 다 못 채우고 그만두니까. :: 윤강희, 면세점 화장품 매장

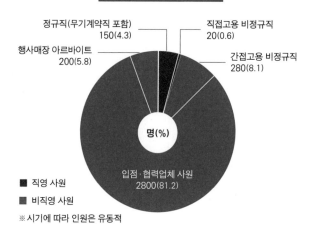

○○백화점의 고용 형태

정규직(무기계약직 포함)
150(4.3)

직접고용 비정규직
20(0.6)

행사매장 아르바이트
200(5.8)

간접고용 비정규직
280(8.1)

명(%)

입점·협력업체 사원
2800(81.2)

■ 직영 사원
■ 비직영 사원
※ 시기에 따라 인원은 유동적

출처: 「백화점 15년차 '베테랑' 판매사원 죽음 뒤에 가려진 진실」, 『한겨레신문』, 2015년 11월 18일

고등학교 졸업하고 백화점에서 일했어요. 예전에는 [백화점] 정직원
도 많았어요. 포스[POS; 계산대]도 정직원이 하고 지도사원도 정직원
이 했는데 지금은 정직원이 한 층에 대여섯 명밖에 없어요. 나머지는
다 협력사예요. 용역도 있고요. 백화점은 대부분 협력사로 이루어져
있어요. :: 정민혜, 백화점 잡화 매장

백화점의 고용 형태가 이렇게 복잡하고 불안정하게 된 데에는 여
러 요인이 있는데 그 중 불안정한 고용 형태를 확산하는 데 큰 뒷받침
을 한 것은 다름 아닌 법제의 변화였다. IMF 경제 위기를 거친 후 1998
년 「파견근로자보호 등에 관한 법률」(일명 '근로자파견법')이 만들어졌
다. 백화점에서 오래 일한 이들은 인터뷰 중에 '외환 위기'를 종종 언

급했는데, 고용의 질이 이를 전후해서 급격히 달라졌다고 느끼기 때문이었다. 2005년 7월에는 공정거래위원회의 고시가 개정되어, 유통업체에 합법적으로 판촉사원을 파견하는 것이 가능하게 되었다. 법 개정 이전에는 '납품업체 종업원'을 대규모 소매점에 파견하는 것이 금지되어 있었다. 뒤이어 2007년에는 「기간제 및 단시간근로자 보호 등에 관한 법률」(일명 '기간제법')이 실시되었고 유통업체들은 이러한 법을 적극적으로 활용해 직접고용 인력을 줄여 갔다.[1] 이처럼 1997년 외환 위기 이후 유통업체는 기존의 정규 인력을 외주화, 용역화, 분사分社하면서 이전에 상상할 수 없었던 다양한 방식으로 비정규직을 늘려 왔다.

지금 백화점의 대표적인 구조 문제인 대기업과 중소기업의 갑을 관계, 원청과 하청의 문제, 손쉬운 해고와 고용의 불안정은 이러한 법적 제도의 변화에 힘입어 자리 잡은 것이다. 백화점에서 오래 일한 노동자들은 이러한 과정을 생생히 목격했다. 일자리가 얼마나 불안하게 변했고, 동료들과의 관계가 얼마나 살벌하게 되었는지, 고객들의 태도는 또 어떻게 변했는지 피부로 느끼고 있었다. 이를 목격했던 노동자들은 인터뷰에서 이 모든 것은 '만들어진 것'이라고 지적했다. 백화점이 노동 강도를 차츰 높여 가고 고용의 안정성을 떨어뜨리는 것을 법과 사회가 먼저 나서서 용납해 준 것이다. "해고는 너무나도 쉽다." 인터뷰를 했다는 것이 알려지기를 원치 않는다고 말할 때 그들이 든 이유는 그것이었다. "마음에 들지 않으면 언제든지 해고될 수 있어요."

주요 유통업 사업체의 대부분이 노동 조건의 최소 법정 기준조차 지키지 않고 있지만, 이에 대한 근로감독과 실태조사는 제대로 이루어지지 않아 왔다.[2] '노동인권의 사각지대'로 질타 받는 서비스 판매직 비정규직에 대한 관심이 높아지고 '기업의 사회적 책임'이 요구되고 있지만 실질적인 규제가 없는 가운데 독과점 유통기업은 모르쇠로 일관하고 있다.

백화점에서 비정규직(직접고용 비정규직과 간접고용 비정규직 모두를 아우르는)이 차지하는 비율은 일반 대기업에서 비정규직이 차지하는 비율보다 훨씬 커서 80~100%에 육박하고 있다.[3] 동일한 일을 하더라도 고용 형태가 다양하기 때문에 백화점의 노동 통제 방식을 한눈에 알아보기는 어렵다. 간접고용 노동자들은 백화점의 업무 지시에 불응하면 매장에서 회사 제품과 함께 쫓겨난다. 납품업체나 용역업체의 정규직마저 아닌 경우 다른 백화점으로 옮겨 갈 수도 없기 때문에, 바로 해고가 되는 것이나 마찬가지다.[4]

간접고용의 폐해로, 판매직 여성노동자는 백화점 매장과 입점협력업체의 매출 압박 및 간섭에 제각기 시달리며 '이리저리 치이는 상태'가 된다. 노동자가 업무에 대해 결정권은 가지지 못하면서 매출 책임의 하중을 도맡게 되는 것이다.

보통 같으면 본사에서 파견되잖아요. 저는 조금 복잡한데 본사에서 아웃소싱을 또 쓴 거예요. 아웃소싱에서 본사로 파견되고, 본사에서 백화점 매장으로 파견되고. 이를테면 삼중 고용인 거예요. 월급은 아웃소싱에서 받죠. 본사는 매출과 재고를 관리하고, 백화점은 고객 응대에 관여하고. 따지고 보면 백화점에서 나한테 돈 주는 건 아니잖아요. 근데 자기네들 직원같이 사사건건 관여해요. 어쨌든 자기네들 땅을 내준 거니까, 자기가 집주인이라서 갑이라고 생각하는 건지. 아무튼 저는 본사랑 백화점이랑 왔다갔다 하면서 조율해 줘야 해요. 백화점에서 매출 안 나온다며 이벤트 행사, 할인 행사나 증정 행사를 하라고 하면 본사 쪽에서는 할 수밖에 없잖아요. 그러면 본사에서 '우리 본사 손실이 얼만데' 하면서 저한테 하소연을 해요. 제가 본사에서 어렵다고 한 얘기를 백화점에 전달하면 백화점에서는 '무슨 소리냐, 너네들 판매도 안 되고 신제품도 안 내면서 행사라도 해야 할 것 아니냐!'고 하는 식이죠. 저는 여기저기 치이는 거예요. 모두 저보고 '니가 잘해야지'라는 식으로 결론이 나요. 그러기 위해 있는 파견사원인 거죠.

:: 한아름, 백화점 잡화 매장

인터뷰할 때 한아름 씨의 목소리는 의문에 차 있었다. 사회에서 갓 일하기 시작한 젊은 그녀는 이해할 수 없었던 것이다. 자신이 하는 일이 왜 이런 대접을 받아야 하는지, 아웃소싱은 도대체 왜 만들어 낸 것인지, 자신이 일한 만큼 노동했다는 공식적인 기록을 가지기가 왜 불가능한 것인지. 그녀는 인터뷰에서 되레 우리에게 물었다. "아웃소싱에 대해 아세요?" 그녀가 반복하는 말은 "왜 그런지는 모르겠지만"이라는 말이었다. 그녀는 부족한 설명과 침묵 속에 놓여 있는 자신의 노동에 대해 설명하고자 애썼다. 하지만 자신의 노동이 애초부터 일한 만큼 대가를 받지 못하는 자리에 놓여 있다는 것을 당연한 전제로 받아들이기는 어려웠다. 그건 당연했다. 간접고용을 처음부터 받아들이라는 것은 어떤 젊은이에게든 가혹한 것이다. 그건 그 불법성과 불합리함까지 승인하라는 것이었다. 그녀처럼 이러한 부당함에 대해 바로 체념하라는 요구에 직면한 젊은 노동자들이 지금 줄을 잇고 있다.

✦ '경력'이라는 것이 존재할 수 없는 공간 ✦

백화점에서 일하는 판매직 여성노동자들은 경력을 제대로 인정받지 못하고, 경력에 따른 권리를 누리지도 못한다. 경력이 있어도 임금은 제대로 인상되지 않고, 해고와 전환 배치가 손쉬울 뿐 아니라,「근로기준법」의 적용을 제대로 받기도 어렵다. 2년을 일한 노동자는 법적으로 정규직으로 전환되어야 하지만 본사는 교묘한 방법으로 이를 피한다. 간접고용 상황이다 보니 입점협력업체 본사에서 정직원이 되는 것은 점점 더 어려워진 상황이다. 승진이라는 것은 통상 매장의 매니저가 되는 것을 일컫는데, 오랜 경력을 쌓아 매니저가 되어도 고용이 안정되는 것은 아니다.

그런가 하면 실제 고용주도 아닌 백화점은 노동자들의 근무 태도를 직접 평가하여 본사에 압박을 넣고 강제로 '로테이션'(전환 배치)을 시키기도 한다. 새 매장에 로테이션되면 업무 환경과 내용에 다시 적응해야 하고 재교육을 받게 된다. 이러한 로테이션으로 인해 숙련도를 높이는 것은 어렵게 되고, 노동자들은 새로운 환경 속에서 긴장을 놓지 못하고 일을 하게 된다.

승진요? 계약직 판매였으니까 2년 지나서 본사 정직원이 되는 게 승진이겠죠? 판매직이 잘돼 봐야 매니저 되는 건데 아웃소싱에서 매니저 되는 거는 진짜 어려워요. 주변에 3년 아웃소싱으로 일한 언니가 있는데, 월급 조금 올려 줄 테니까 정직원 말고 아웃소싱 그냥 하라고 했대요. 2년 정도 경력 되면 정직원 해준다고 해놓고서, 처음 매장에서 2년 정도 일 시키고 두번째 매장 보내면 그냥 1년차로 새로 시작하게 되는 거예요. 법적으로는 안 되는 건데 교묘하게 빠져나가요. 지금 정직원 된 선배님들은 아웃소싱 초창기 시절에 쉽게 된 케이스고요, 요즘은 아웃소싱이 정직원 되는 게 정말 드물어요. 1년 넘으면 월급을 좀더 줘야 하는데 계약은 1년씩 하니까, 저는 1년 일하고 나서 계약 안 한 상태로 다시 1년차 월급 받으면서 일했어요. :: 한아름, 백화점 잡화 매장

계약직이 아무리 못해도 3년 일을 하면 정직원이 된다고 하는데, 정직원을 많이 안 돼요. 나이도 정해져 있어요. 나이가 너무 많으면 정직원이 못 돼요. 본사에서 정직원을 안 두려고 하더라고요. 매니저라는 자리가 아무나 할 수 있는 게 아니고요. :: 박정아, 백화점 잡화 매장

사업주는 상시 근로자를 고용할 경우 의무적으로 4대보험에 가입하고 보험료를 납부할 의무가 있다. 하지만 파견사원으로서, 또는 개인사업자로서 일하는 여성노동자들에게 4대보험 적용이나 일자리 보전은 어려운 일이다. 국가는 국민연금, 건강보험, 고용보험, 산업재해보험을 통해 노동자가 아프거나 일을 더 할 수 없는 상황에 대비할 방

책을 마련하고 있지만, 4대보험을 적용받지 못하는 노동자들에게 이러한 대비책은 무용지물이고, 개인이 모든 부담을 떠맡게 된다. 또한 4대보험 적용 기간은 노동자의 근로 경력 기간이 되는데, 이것이 임의로 적용될 경우 공식적인 경력은 줄어들거나 없는 것이 된다.

저는 매장에서 잡화를 파는데 개인사업자 자격인 거죠. 4대보험이 된다면 고용보험, 국민연금 같은 게 되니까 좋겠지만 여기는 그런 게 없어요. 개인사업자로 취급되니까. 나는 일에 자꾸 자신이 없어요. 사람 몸이 따라 줘야 되는 거니까. 백화점 일이 힘들어서 젊은 친구들이 이제 많지 않아요. :: 정민혜, 백화점 잡화 매장

저는 매장 매니저가 고용해서 일하고 있는데, 여기가 4대보험을 안 들어 줘요. 그런데 공단에서 제가 직원인지 아닌지 확인하러 온 적이 많나 봐요. 그러면 애는 직원 아니라는 식으로 뺑을 치는 거예요. 사업주 세금을 내야 하는데, 그걸 내기 싫어서. 불법인 거죠. 내가 일해도 4대보험에는 가입을 안 하고, 본사에만 직원을 구했다고 말하면 끝인 거예요. 본사에서 두 명 쓰라고 하는데, 한 명만 쓸 수도 있고. 그건 점주[매장 매니저] 마음인데, 아무튼 월급을 점주가 다 주는 건 아니고 회사에서 나오고 부족한 액수를 점주가 채워 주는 식이에요. 저는 일을 해도 법적인 보장을 받는 게 없었어요. :: 주은아, 백화점 의류 매장

공단에 가서 4대보험 내역을 떼어 보니까, 실제 제가 근무한 기간과

다르게 되어 있었어요. 중간중간 내가 그만뒀다가 일한 걸로 되어 있어요. 경력이 1년씩도 안 된 걸로. 아웃소싱 측이 그렇게 해놨어요. 저는 일한 걸 취업 경력으로 쓰고 싶었는데 일한 기간이 1년도 안 되게 되어 있는 거예요. :: 한아름, 백화점 잡화 매장

기본적인 노동권조차 보장받기 어려운 상황이다 보니, 백화점에서 일하는 여성노동자들은 임신을 하고 출산을 하더라도 출산휴가와 육아휴직을 제대로 쓰지 못하고 그만두거나 해고되는 경우가 많다. 경력을 통해 쌓은 매장 내 지위를 유지하기 위해 임신 기간 중에도 무리해서 근무를 지속하기도 한다. 쉬면 일자리의 보전이 불안해지기 때문이다. 백화점 안에 임신한 여성노동자를 위한 공간을 마련한다 해도 그것은 전시성 공간에 그치는 경우가 많다.

임신한 경우엔 종일 서 있는 게 위험할 수 있잖아요. 임신 사실을 알게 되면 조금 늦게 출근하고 조금 일찍 퇴근하도록 하기는 하는데, 일반 직원이 아닌 매니저들은 공석을 둘 수 없기 때문에 육아휴직을 못 쓰고 바로 나와야 해요. 1년 이상 쉬면 매니저는 강등될 수 있고, 나중에 자리가 없을 수도 있는 거고, 여기저기 떠돌 수 있거든요. 돌아올 자리가 없을 수도 있으니까 휴가를 쓸 수 없는 게 매니저 입장에서는 안 좋은 것 같아요. :: 최지은, 백화점 화장품 매장

젊은 층에는, 특히 화장품 매장 쪽은 임신한 사람들이 많아요. 육아휴

직을 써야 하지만 다 되는 것은 아니에요. 회사가 육아휴직을 주지 않으니까 고충이 크죠. 돈을 벌어야 하고 애는 낳아야 하는데. 그러다 보면 회사가 자르는 경우도 있고, 자기가 힘들어서 그만두는 경우도 있고요. 따로 복지 혜택을 준다 해도 조화롭게 되지는 않아요. 많은 사람이 다 받을 수 있는 것은 아니기 때문에 그냥 흉내 내는 것밖에 안 되는 거예요. :: 정민혜, 백화점 잡화 매장

판매직 여성노동자들은 입직 이후 상당 기간 상품에 대한 전문적인 정보를 습득하고, 이를 판매하기 위해 서비스 기술을 익히게 된다. 상당 기간 숙련이 필요한 노동인 것이다. 하지만 고용 보장과 경력 인정이 되지 않는 분위기 속에서 이들의 노동은 언제든 대체 가능한 것으로 여겨진다. 노동의 대가가 정당하고 온당하게 주어지기는커녕, 일한 시간조차 임의로 삭제되고 노동자로서 공인받지 못한다는 것을 깨닫게 될 때, 그녀들은 미래를 예측하기 힘들어지며 세상에 대한 깊은 불신을 학습하게 된다.

✦ 떠나도 떠난 것이 아닌: 이직과 퇴직 ✦

백화점 판매직 노동자에게 이직과 퇴직은 빈번한 일이다. 비정규직이라는 고용 형태가 이직을 잦게 만들고, 해고가 일상화되어 있는 가운데 작은 일로도 일터를 그만두게 될 수 있다.

직원들 오래 가는 곳은 몇 년, 계속 바뀌는 곳은 한 달이 멀다 하고 계속 바뀌어요. 화장품 매장은 퇴직률이 특히 높아요. 수습 한 달도 못 견디고 나가는 사람도 있고, 삼 개월 했는데 나가는 사람도 많고……. 퇴직률이 높다 보니까 그만큼 많이 뽑는데 본사에서 뽑아서 넣어 주는 경우가 원칙이지만, 갑자기 사람이 그만두면 매장에서 급하게 알바로 채용해서 수습 거쳐서 직원으로 키우는 경우도 있고 정말 다양하게 뽑아요. :: 최지은, 백화점 화장품 매장

고객의 불평이, 서비스 평가의 낮은 점수가, 전년보다 낮은 매출액이, 다른 매장 노동자와의 갈등이, 미스터리 쇼퍼의 지적이, 그리고 이런저런 사소한 것들이 모여 일자리를 불안하게 만들 수 있다. 그렇기 때문에 조금 더 높은 임금과 나은 조건이 있다면 다른 엇비슷한 매장으로 미련 없이 떠날 수도 있다.

새 매장은 또 다른 내부 질서가 있으므로 그곳에 적응하는 것에도 어려움이 있다. 다른 매장으로 옮겼을 때 백화점 측은 이직한 직원에게 문제가 있다고 편견을 가지기도 한다. 일정 기간 매장을 옮기지 못하게 하는 규칙을 비공식적으로 만들어 두는 곳도 있다. 개인의 마음대로 퇴사를 하거나 이직을 하면 백화점의 블랙리스트에 올라 재취업이 어려울 수 있다.

퇴직은 원할 때 할 수 있는 경우는 없는 것 같고 시기가 있어요. 계약직은 1년이 거의 다 되어 가면 [매상에서] 먼지 이야기하는 경우가 있

어요. 작년보다 조금 더 올려 줄 테니 같이 더 일하자, 이런 제안도 하죠. 그런 게 아니라면 그만두고 더 올려서 다른 브랜드를 가죠. 백화점도 대타를 구해 놓고 일에 지장 없이 해놓고 나가야 해요.

:: 이은영, 백화점 의류 매장

[자신이 원하는 브랜드로] 갈 수 있어요. 근데 백화점에서 처음엔 색안경을 끼고 봐요. 왜 옮겼냐고. 사정이 있다고 설명을 하면 되게 비꼬면서 "그게 아닌 거 같은데, 뭔가 잘못했겠지" 그래요. 되게 못되게 말해요. 화장품이 제일 힘든 것 같아요. 고객이나 판매원이 모두 굉장히 까다롭고, 피부에 들어가는 거니까 예민하고. 또 [직원들도] 연예인같이 자기를 엄청 꾸며야 하고. 이게 매출이랑도 연관 있구요. 일하다가 꼴 뵈기 싫어서 무단 퇴사로 나가는 경우도 많아요. 근데 그렇게 나가면 백화점 블랙리스트에 올라가서 다른 지점에 못 가게 되죠.

:: 김지혜, 백화점 화장품 매장

모든 것이 개인의 탓으로 돌려지면 백화점 노동자의 빈번한 이직과 퇴직을 제대로 설명할 수 없다. 매출에 따른 압박, 이로 인한 다른 직원 혹은 매장과의 경쟁 관계, 12시간에 이르는 장시간 근무, 휴게시간이나 휴게시설의 미비, 위협받는 건강, 감정노동, 모니터 제도, 고용의 불안정성 등이 이직과 퇴직의 주요 요인이다. 퇴직할 때 그동안 문제라고 느낀 점을 말하고 싶지만 다음 취업을 생각해 묵묵히 퇴직하는 경우가 대부분이다. 그래서 어떤 것이 문제였는지 공론화되지 않고, 그저 개인들이 백화점을 옮기거나 떠나는 선택을 할 뿐이다.

전 그만둘 때 본사에 사표 내고, 백화점에도 사표를 내야 했어요. 진짜 내가 술 마시거나 동료들과 이야기할 때 "점장 얼굴에 사표 던지고 나온다"라고 이야기했는데 막상 낼 때는 "그동안 감사했습니다" 하고 나왔어요. 마지막까지 나올 때 그 근성이…… 세상이 좁으니까 어떻게 될지 모르니까. :: 한아름, 백화점 잡화 매장

백화점 판매직 여성노동자가 느끼는 만족도(42.6점)는 다른 서비스 산업 노동자가 일터에서 느끼는 만족도(52점)보다도 낮았다. 판매직 여성노동자들이 백화점 일에서 만족하지 못하는 가장 큰 이유는 근무 형태 때문이었다.[5] 불안한 고용, 인정되지 않는 경력, 보장받지 못하는 권리, 떠나고 싶어도 챗바퀴 돌 듯 완전히 등질 수 없는 위태로운 일자리가 가장 큰 불만족의 원인이 되고 있다.

서비스 판매직, 여성의 노동?

✦ 여성노동자들은 왜 백화점을 택했나? ✦

일을 시작한 동기는 어쩌면 단순했다. 사람을 만나는 게 좋거나, 사무직보다 판매직이 적성에 맞았거나, 손님에게 필요한 물건을 파는 일이 "보람 있어서"였다. 대부분의 매장이 여성 판매사원을 구했기에, 20대 여성들은 백화점 일에 쉽게 진입할 수 있었다. 대학생 때 한 아르바이트 경험과 졸업 후 한시적 일로 여겼던 백화점 취업의 경험은 그녀들이 백화점 일을 다시 시작하는 계기가 되기도 한다. 백화점은 일을 따로 가르치지 않아도 바로 업무에 투입되어 수익을 낼 수 있는 경력직을 선호하기 때문이다. 백화점에서 직접 구인광고를 내는 것을 보고 백화점의 정규직인 줄 알고 지원했다가, 입점협력업체에 고용된 파견노동자의 길로 들어서기도 한다. 지인 소개를 통해 취업하는 경우도 많다.

졸업하고 나서 갈 수 있는 길이 많지 않았어요. 백화점 화장품 매장 같은 경우, 색조는 메이크업 아티스트를 따로 두는데, 안정적이고 돈 벌기 괜찮은 직업이라 여겨서 졸업하고 바로 여기로 왔어요. 매장에서 매니저님, 부매니저님, 직원들이 여러 명 있는데 제가 있는 2년 동안 계속 막내였어요. 잡다한 일은 다 했어요. :: 최지은, 백화점 화장품 매장

저는 중국어를 전공했거든요. 면세점은 외국어 전공자들이 많이 입사하는 곳 중 하나예요. 저 같은 경우는 친구들이 먼저 면세점에 입사를 하고 저에게 소개를 해주어 처음 시작하게 됐어요. 공항 근무가 힘들다 보니 '이 길이 내 길이 맞나' 이런 생각을 하게 되잖아요. 반년 정도 다니다가 잘 모르겠는 거예요. 좀 쉬고 있다가 또 연락이 닿았는데, 사람이 필요하다 하더라고요. 생활비도 필요해서……. 한번 입사하게 되면 그 바닥을 벗어나지 못한다는 속설이 있어요. 오래 일하다 보면 힘들어서 그만두고 또 쉬다가 다시 입사하고 이런 경우들이 꽤 있죠.
:: 윤강희, 면세점 화장품 매장

처음에 들어갈 때는 솔직히 잠깐 일주일 정도 하려고 들어갔어요. 백화점 일을 해보는 것이 어떨까 싶어서 찾았는데 마침 자리가 나 있는 거예요. 일주일 하다 보니까 열흘 하게 되고 열흘 하다 보니 계속하게 됐어요. 소개가 들어오고 연결이 계속되는 거예요. 구인광고는 인터넷에서 봤어요. 백화점 본점에서 구인광고를 올리는 경우가 많아요. 백화점 본점을 찾아가면 브랜드 쪽에서 사람 찾는다며 보내는 거죠.

브랜드 자체에서 인터넷에 구인광고를 올리는 경우도 있어요. 처음에 시작했던 것이 잡화 쪽이었어요. 나중에 의류도 하게 됐고, 신발도 팔게 됐고. 한 백화점 안에서 왔다갔다 하면서 한 거죠.

:: 박정아, 백화점 잡화 매장

대학 등록금을 벌려고 계약직으로 들어갔다가 연속적으로 일하게 된 경우, 전공 관련 업종으로 판매직을 일시적으로 선택했다가 직업으로 택한 경우 등 일한 동기는 다양하지만, 서비스 판매직 노동시장이 거대하게 형성되어 있고 진입과 재진입이 상대적으로 쉽다는 것이 선택의 주요 원인이 된다. 조순경 교수는 이렇게 지적한다. "파견 노동의 경우, 노동자에게는 전혀 유연한 고용 형태가 아니다. 또한 우리 사회에서의 시간제나 임시직은 대부분의 경우 명목적 단시간, 단기간 노동으로, 실질적으로는 전일제 상시직의 성격이 강하였다. 이러한 고용 형태에서 유연성은 노동자의 고용과 생활의 불안정성을 의미할 뿐이었다."[6] "지난 10여 년간 노동시장에서의 차별이 점차 체계화되고 비가시화되어 왔다. 직접적인 성차별이 법적 제재의 대상이 되는 「남녀고용평등법」의 법망을 피해 갈 수 있는, 새로운 형태의 성차별이 노동시장 유연성 제고라는 이름 아래 정당화되어 왔다. …… 정규직의 비정규직화, 즉 고용 형태에 의한 간접 차별이 [차별의] 다른 한 축을 이룬다."[7] 조순경 교수는 여성이 남성보다 더 많이 비정규직화되는 사실 자체가 새로운 형태의 성차별임을 지적하고 있다. 이처럼 서비스 판매직에서의 높은 여성 비정규직화 현상 역시도 고용 형태를 통해 간접 차별을 하는 경우로 볼 수 있을 것이다. 백화점의 경우, 판매직 노동자의 90%가 여성인데, 다시 말해 백화점 판매직 노동자는 으레 여성으로 여겨지고 있으며, 철저히 성별 분업화되어 있다.

잦은 이직과 퇴직으로 '인력 부족'인 백화점의 상황은 인력이 언제든지 재진입할 수 있는 조건을 만들어 낸다. 이러한 과정을 통해, 업계에서 통용되는 속설처럼 "한번 입사하면 그 바닥을 벗어나기 어렵"게 되는 것이다. 좀더 높은 임금을 위해 다른 브랜드로 이직하는 경우도 많이 있다. 이 직종에서 오래 버티는 이들은 "진짜 독하시고 대단하신 분들"로 일컬어지는데 장시간 근무와 매출에 대한 압박, 감정노동을 10년씩, 20년씩 견뎌 낸 이들이기 때문이다. 매니저급인 그들은 실제로 그 수가 매우 적다.

지금 백화점에서 나이 먹은 사람들은 거의 직원이 아니에요. 알바를 써요. 본사에서 50살이 넘어가면 직원으로 잘 안 쓰려고 해요. 50대 중반을 넘어간다 그러면 알바로 쓰죠. 백화점에 갔을 때 판매하는 사람이 나이가 좀 많다 싶으면 그분은 고정 알바나 계약직인 거예요. 계약직은 6개월 동안씩 쓰는 것도 있는데 워낙 힘드니까 젊은 사람들이 안 해요, 못 해요. 그래서 아줌마를 써요. 계약직 중엔 경력이 10년 정도 되는 사람들이 많아요. 일을 더 하고 싶은데 나이 먹은 직원은 안 뽑으니까요. 그게 안쓰럽죠. 그게 맘에 안 들어서 딱 박차고 나갈 수 있는 사람이 아무도 없는 거예요. 왜냐하면 우리가 모두 먹고살기 위해서, 돈을 벌어야 해서 왔기 때문에. :: 정민혜, 백화점 잡화 매장

민혜 씨는 오랫동안 백화점에서 일했다. 고등학교를 졸업하고 백화점에 들어와 20년 넘게 일하고, 개인사업자로 등록하여 매니저로 일한 경험도 있다. 그리고 지금은 계절상품을 팔면서 6개월씩 다른 브랜드에 번갈아 가며 계약되어 일하는 노동자이다. 6개월에 한 번은 4대보험 적용을 받고, 이후 6개월은 4대보험 적용을 받지 못한다. 그녀는 부단한 노동 속에서 매니저가 되었다. 하지만 쉰이 넘어가면 경력이 있던 이들도 단지 나이가 들었다는 이유로 백화점에서 아르바이트 자리로 내몰리게 된다. 이 같은 일들을 지켜보는 민혜 씨는 그것이 안쓰럽다. 그리고 두렵다. 평생 일터라고 여긴 백화점에서 자신에게도 곧 닥쳐올 수 있는 일이기 때문이다. "3년을 더 일할 수 있을까? 더 일할 수는 있을까?" 그녀는 인터뷰에서 거듭 그 말을 했다. 그녀는 노동자의 지위에 있지 않은 노동자이지만, 자신의 일터라고 믿고 있는 백화점에서 하루라도 더 일할 수 있기를 진심으로 바라고 있었다.

산업 구조가 공업 중심에서 서비스 산업 중심으로 재편되어 가면서, 일자리의 많은 수가 서비스 직종으로 변화했다. 2013년 통계청의 조사 결과, 여성 취업 인구 중 81.8%가 3차 서비스 부문에 집중되었고, 판매직은 14.4%였다. 불안정하고 임금이 낮은 것으로 알려진 생산직, 판매직, 서비스직에 여성 취업 인구의 다수가 집중되어 있는 것이다. 사회가 변해 감에 따라 대부분 여성이 남성과 마찬가지로 교육을 받고 임금노동을 하게 되었지만, 노동시장에 진출한 순간, 이미 열악한 자리로 내몰리고 있다. 고용 형태 면에서, 임시직·일용직의 형태가 70%에 가까울 정도로 여성의 일자리는 불안정하다.[8] 여성들이 서비스 일을 선택하는 것이 아니라 '여성의 직종으로 형성되어 있는' 서비스 일을 선택할 수밖에 없는 구조이다. 이 사회에서 여성은 어떤 노동을 하도록 정해져 있다.

여성학 연구자 김원정은 다음과 같이 지적한다. "2004년에서 2014년 사이 …… 남성 비정규직 규모에는 거의 변동이 없지만, 여성 비정규직은 423만 명에서 457만 명으로 증가했다. 특히 시간제와 파견용역직의 증가가 두드러져서 여성노동자 중에서 두 고용 형태가 차지하는 비중은 16.9%에서 22.6%로 늘어났다. …… 백화점 노동자에 대한 연구에 따르면 시간제 여성노동자들은 고용 안정, 임금, 노동 조건, 노동 통제 등 모든 면에서 백화점 노동 서열의 최하부에 위치해 있다. …… 결국 비정규직 정책과 여성인력 활용 정책은 노동력 내부의 위계를 세분화하고 하위직을 여성으로 채워 넣는 메커니즘의 양대 축이었던 셈이다."[9]

이러한 노동 현실은 사회의 양극화 현상과도 맞물려 있다. OECD 보고서에 따르면, 2013년 회원국들의 상위 10% 평균소득은 하위 10% 평균소득의 9.6배나 됐다. 우리나라는 이 비율이 10.1배로 평균보다 격차가 더 컸다. 소득 및 자산 불평등의 주요 원인은 시간제 및 임시직 일자리, 자영업 종사자의 증가였다. 우리나라를 포함해 1995년부터 2013년까지 회원국에서 만들어진 일자리의 절반이 이런 종류의 일자리였으며, 30살 미만 노동자의 절반이 임시직이고 이들은 정규직으로 옮겨 갈 가능성이 적다고 보고서는 지적했다.[10] 지난 20년간 만들어진 일자리들의 실체는 이런 것이었다. 한국노동연구원 자료에 따르면 2015년 3월 기준 청년층 비정규직 비중은 33.1%에 이른다. 취업자의 80%는 상대적으로 임금이 낮은 서비스 직종에 종사한다.[11]

여성노동자들이 밀집되어 있는 백화점 및 할인점의 고용 형태를 보면 계산과 판매 판촉에서 성별 직무 분리 현상이 나타나고 있다. 실제로 백화점 및 할인점의 17개에 가까운 업무 가운데 남녀 비중이 40~60% 사이인 '중립' 직무는 단 3개에 불과했다. 백화점 및 할인점의 여성지배 직무(10개) 대부분에서 여성노동자의 비중은 85~95%에 이르렀으며, 남성지배 직무(4개)에서의 여성 비중은 5~20% 정도에 불과했다. 결국 주요 유통업체는 사무, 매장 관리, 구매 등의 업무를 담당하는 (남성) 정규직 노동자들은 '고임금-고기술의 승리자'로, 계산 및 판매·판촉 업무와 같은 (여성) 비정규직 노동자들은 '저임금-저기술의 패배자'로 나누어 버린 것이다.[12]

여성노동자들은 진입부터 차별을 경험해야 하는 것이다. 경력이 올라감에 따라 차별은 줄어들지 않고, 오히려 세대에 따른 나이 차별 등 또 다른 방향에서 더 심화되고 있다. 20대 판매직 여성노동자의 일자리와 중장년 여성의 저임금 일자리는 출산과 육아를 사이에 두고 여성노동 생애주기의 M자형 곡선 양편에 위치해 있다.

다들 힘들게 살아요. 최저 임금을 받고 최장 시간 일하는 사람들이 많아요. 1층은 백화점의 꽃이라잖아요. 화장품 쪽이랑 장신구 같은 데는

20~30대가 많죠. 우리 섬유 쪽 매장은 나이가 많고 아줌마이고. 지하는 우리보다 더해요. 지하 식품관은 기본이 50살부터 시작하는 것 같아요. 그 언니들은 월급도 적으면서 시간 길고 휴무도 많이 없고. 화장품이나 4층 같은 데는 젊은이들이 있지만 나머지는 다 아줌마들이에요. 50대 중반, 60대까지도 있어요. :: 정민혜, 백화점 잡화 매장

대개 남성인 백화점 정규직 관리자들은 판매직 비정규직 여성노동자에게 이렇게 욕했다. "너 나이 먹고 잘리면 마트 가서 캐셔밖에 못해. 너희는 나이 먹으면 쓸모없는 사람들이야."[13] 지독한 욕설이었다. 여성노동자들은 성차별적인 사회에서 나이 먹는 것을, 쓸모없는 사람이 되는 것을 두려워하라는 협박을 받으며 일한다. 그러나 그것은 나이가 적건 많건, 여성노동자에 대한 무시에서 나온 발언에 불과하다. 소위 '여성 일자리'라고 불리는 일이 있고, 여기에 대한 사회적 편견은 높다. 그 편견과 싸우지 않으면 자존감마저 지키기 어려운 세상이다.

✦ 여성, 을로서의 노동 경험 : 너무나 차별적인 ✦

백화점 판매직 여성노동자들은 여러 백화점에 근무를 하는데, 그때마다 각 백화점의 기업 문화에 영향을 받는다. 직접 고용이 되지 않았어도 그곳은 자신들의 일터이며 직접적인 관리 감독을 받는 곳이기 때문이다. 인터뷰에서 그녀들이 '나은' 백화점을 꼽았던 기준은 시설의 편의성이 아니라 관리자들이 자신들을 대해 주는지의 여부였다. 노동

자인 자신들의 말을 그나마 존중해 주고 소통이 되는 곳이 그녀들이
바라는 '좋은 백화점'이다.

직원들이 가기 싫어하는 백화점이 있고 그 중 낮게 여겨지는 백화점
이 있어요. 시설보다 관계 문제죠. 관리자들이 조금 더 대화해 주는 거
요. 어떤 백화점은 신입사원 환영회를 하면 신발에다 술을 따라 주면
서 추접스럽게 구는데, 문화 자체가 그래요. 기업 문화가 좀 천박하고
폭력적인 경우도 있어요. 젊었을 때부터 들어와서 문화를 그렇게 배
우니까 그런 기업 문화에 영향을 받는 거죠. :: 김희진, 백화점 화장품 매장

그 백화점은 면접 보러 간 순간부터 사람을 되게 깔봤거든요. 차갑게
대하고 그랬어요. 그리고 직원들을 아예 밖으로 못 나가게 해서 안에
서 다 해결을 해야 했어요. 밥이든 뭐든. :: 김지혜, 백화점 화장품 매장

직원을 면접 볼 때는 내가 매니저니까 내가 보고 뽑고, 그다음에 회사
에서 컨펌[확정]을 받고, 백화점에서도 컨펌을 받아야 해요. 백화점에
서 "안 된다, 싫다" 그러면 내가 뽑은 직원이라도 못 써요. "인상이 강
하다. 나이가 많다. 백화점 이미지랑 안 맞다. 인상이 왜 저래? 쓰지 마
세요. 나이가 너무 많잖아요. 쓰지 마세요." 백화점에서 면접을 보고
그렇게 말하면 그 직원을 못 쓰는 거예요. 그럼 난 서럽죠. 나이 든 사
람은 백화점에서 떨어뜨리고 젊은 사람만 뽑겠다고 하니까요. 날씬하
고 예쁜 사람들 위주로 뽑으니까. 제가 그래요. "외모보다 판매를 잘

해야지요!" 그러면 백화점 측에서 이래요. "판매는 뭐 누구 못하는 사람이 어디 있어? 시키면 다 잘하는 거지." 바뀌어야 돼요. 설 데가 없어요. :: 정민혜, 백화점 잡화 매장

파견사원으로서, 특수고용직으로서, 비정규직 노동자로서 감내해야 하는 백화점의 차별적 태도와 문화는 노동자들에게 보이지 않게 상처를 준다. 권력의 격차가 너무나 확연히 나는 관계에서, 항의하면 그 피해가 고스란히 자신에게 돌아오기 때문에, '내가 무조건 잘해야 한다'는 결론을 내릴 뿐이다.

전 삼풍백화점 오픈 멤버였는데 그때 매뉴얼이 빡빡했어요. 확인증 안 받고 나가면 징계 당하고, 서 있는 자세도 점검하고. 직접고용한 직원도 있고 파견사원도 있었는데, 직영사원들 텃세가 굉장히 심했어요. 자기는 직영이다 하면서 파견사원 우습게 보고 함부로 말하고 반말하고. 철저하게 갑을 관계가 구성되어 있어서 모든 불이익이 고스란히 오니까 내가 무조건 잘해야 하죠. 어떻게든 나만 피해를 입게 되니까. :: 문수연, 백화점 식품 매장

류형림 한국여성민우회 활동가는 백화점 노동자들이 출근길에 들고 있는 작은 투명가방에 주목했다. 모두 같은 모습이었다. 그녀들은 투명가방 속에 자신들의 소지품, 지갑, 핸드폰을 넣어 옆구리에 끼고 매장에 들어갔다. 어느 백화점에 가도 그랬다. 비닐 재질로 만들어

속이 다 들여다보이는 작은 가방을 끼고 삼삼오오 걸어 다녔다. 백화점에서 일한 경험이 있는 한 회원이 가방의 용도를 알려 주었다. "백화점 안에서 자기 가방을 가지고 갔다가 뭘 훔쳐 나올 수 있다고 여기니까 방지하기 위해 저런 가방을 똑같이 쓰게 하고 노동자가 다니는 길로 다니게 하는 거예요." 지금은 나아졌지만, 예전에는 퇴근하면서 가방을 일일이 검사 받기도 했다. 지금도 그들은 백화점의 외부인으로서, 의심하고 감시해야 하는 대상이라는 구태의연한 시선 속에 놓여 일하고 있었다.

> 폐점 후 퇴근할 때 직원 출입구로 나가잖아요. 예전에는 그때 가방 검사를 했어요. 가방을 열어 가지고 보여 줬다니까요? 지금은 안 그러지만 솔직히 그건 너무……사생활 침해잖아요. 인권침해 같아요. 그때는 당연하단 식으로 보여 주고 그랬다니까요. :: 정혜란, 백화점 화장품 매장

노동을 하러 들어간 일터에서 그녀들은, 자신의 노동 안에 모욕과 멸시에 대한 감내가 포함되어 있다는 것을 처음 알게 되었다. 차갑고 경멸적인 태도, 외모와 나이에 대한 평가, 편견이 담긴 질문, 폭력적인 술 문화, 갑을 관계를 경험함으로써 말이다. 이러한 모든 것은 애초부터 그녀들에게 주어진, '여성', '비정규직'이라는 자리에서 비롯된 것이었다.

쉴 틈 없이 돌아가는 백화점, 그 안의 노동자들

✦ 백화점의 숨 가쁜 하루 ✦

우리나라 임금노동자는 일주일에 평균 44.6시간 일한다(2012년 통계청). 업무 강도가 높다고 알려진 보건의료 노동자는 46.6시간 일하고, 공공부문 건물과 지하철의 청소 노동자는 46.9시간을 일한다. 백화점에서 일하는 판매직 노동자들의 노동시간은 그보다도 더 길다. 백화점 판매직 노동자의 일주일 노동시간은 평균 49.9시간이다.[14] 휴게시간을 제외하고 하루에 10시간 가량 일하고 있는 것이다. 매장 청소 등을 위한 대기시간을 고려해 보았을 때, 하루 일과가 대개 아침 8시 30분에 시작해 저녁 8시 30분에 끝날 때가 많으므로, 실제로는 하루에 거의 12시간을 일한다고 볼 수 있다. 긴 노동시간은 그들의 건강에 영향을 미친다. 백화점 판매직 노동자들이 오래 일해야 하는 이유는 백화점의 긴 영업시간 때문이다. 백화점의 영업시간은 대부분 오전 10시 30분에서 오후 8시까지이고, 연장영업을 할 경우 오후 8시 30분까지 영업을 한다. 매장에 따라 영캐주얼관의 경우에는 오전 10시 30분부터 오후 10시까지 공식적으로 영업하는 곳도 있다. 야간업무에 대한 대가는 드물다. 백화점의 문이 닫혀 있을 때에도 그 안에서 영업을 준비하거나 마무리하는 노동은 계속된다. 참고로 서울 지역 유통업 종사 여성노동자의 주당 노동시간은 50.4시간인데, 평균 출근업무 준비 시간은 53분, 퇴근 마무리 시간은 28.1분이었다. 1일 평균 노동시간 외에 업무 준비 및 마무리 시간이 1시간이 넘었다. 초과근로를 1시간 이상 하는 것인데 이는 사실상 무보수의 노동으로 조사되었다.[15]

근무시간이 아침 9시부터 저녁 8시까지예요. 그런데 메이크업을 미리 하고 있어야 하니까 보통 8시 30분에 화장을 해두죠. 9시부터 매장 청소를 해요. 청소하고 나면 9시 30분이고요, 백화점에서 9시 40분에서 50분 사이에 5~10분 정도 조회를 해요. 10시부터 그 전날의 매출 보고를 전산에 입력하고 10시 반에 오픈을 해요. 10시 20분 정도부터 [매장 앞에] 나와서 25분까지 서서 준비를 하면 10시 반에 백화점이 문을 여는 거죠. 보통 9시 전에 와서 정리 정돈하고, 제품 진열하고, 청소하고⋯⋯ 일주일에 한 번씩 물건이 들어오는데 30분 정도 일찍 와서 그것도 정리하고. 백화점 문 닫는 시간은 평일에는 8시이고 주말에는 8시 반이에요. 끝나고 정리하고 판매 입력도 해야 해서 백화점에서 나가는 시간은 8시 반 이후예요. :: 김희진, 백화점 화장품 매장

근무시간 같은 경우는 브랜드마다 30분에서 1시간 정도 다르긴 한데,

아침엔 9시까지 출근을 하고, 저녁 8시에 문 닫는 시간 다 되면 마감 음악이 울려요. 이것도 백화점마다 다른데 8시에 딱 끝나는 데도 있고, 8시 10분에 끝나는 경우도 있어요. 마감 시간이 되어도 10분 동안은 무조건 대기 자세를 하고 있어야 해요. 대기하고 있다가 10분에 종 울리면 마감하고, 지하 가서 옷 갈아입고 퇴근하는 시간은 8시 30분 정도. 거의 12시간을 백화점에 있는 거죠. 점심시간은 1시간이고, 간식시간은 40분이에요. 폐점 시간 10분 전에 와서 30분 이상 설명 듣고 가는 고객도 진짜 많아요. 그럼 그 사람 때문에 직원들이 마감을 못 하니까 퇴근시간은 계속 늦춰지고요. 크게 행사를 하면 밥도 못 먹을 정도로 진짜 바쁘거든요. 행사 크게 하면 그다음 날 행사 준비도 미리 해 둬야 수월하니까 출근을 1시간 일찍 하는 경우도 있어요. 1월, 5월, 9월 행사 집중 기간에는 집에서 서너 시간만 겨우 자고 출근해야 해요.

:: 최지은, 백화점 화장품 매장

판매한 제품을 컴퓨터에 입력해요. 여기에서 실수를 한 번은 해요. 실제 판 금액이랑 등록된 금액이랑 안 맞는 거예요. 재고라도 안 맞으면 찾기 전까지는 퇴근 못 해요. 그날 안에 무조건 찾아야 하는데 하루 매출이 1억이라면 그걸 다 맞추는 게 장난 아니잖아요. 몇 백 개 중에 하나 찾는 건데 다섯 명이서 둘러앉아서 PDA에 찍힌 가격이랑 손으로 적은 거랑 컴퓨터랑 일일이 다 불러 가면서 맞추죠. 맞추다가 틀리면 처음부터 다시 하고. 그러면 12시 넘어서 집에 가는 경우도 있고. 재고를 맞추는 시간에 대한 수당은 안 나오죠. :: 최지은, 백화점 화장품 매장

9시부터 출근해서 청소해요. 물건이 매일 들어와요. 그거 정리하고 다리고. [백화점 전체] 조회 있으면 조회하고. 소비자가 오는 것처럼 하는 시뮬레이션을 일주일에 한 번 해요. 직원이 나 혼자인데 이 큰 매장을 내가 다 청소하고 정리해야 해요. 7시에 집에서 나와 9시까지 출근을 하고, 8시 반에 끝나요. 보통 주말 금토일은 8시 반까지 하잖아요. 원래는 연장할 때만 한다고 했는데, 금토일은 아예 연장 안 하는 날이 없었어요. 빨간 날은 거의 다 연장이라고 보면 돼요. 점심시간 1시간 있고, 아침에 티타임 15분 쉬어요. 그리고 점심시간 후에 15분, 저녁 간식시간이 20분 있었어요. :: 주은아, 백화점 의류 매장

백화점 판매직 여성노동자들은 인터뷰에서 긴 근무시간의 고충을 상세히 이야기했다. 이들은 12시간 가까운 노동을 하면서 행사 기간에는 집에서 "서너 시간만 자고" 출근한다. 깨어 있는 대부분의 시간이 백화점 노동을 하는 데 들어가는 것이다. 개점 시간 이전에도, 폐점 시간 이후에도 백화점 안에서는 여성노동자들이 분주하게 일하고 있다. 일이 많을 때는 자정이 되어서 집에 들어가기도 한다. 2013년에 개정된 「유통산업발전법」은 대형마트의 영업시간 제한과 의무 휴일에 관한 내용을 담고 있으나, 백화점과 면세점은 이 법의 적용 대상이 아니었다. 백화점은 '고객의 편의를 생각하여' 영업시간을 연장한다고 하지만, 백화점이 자랑하는 고객 편의의 긴 영업시간은 백화점 노동자들에게 장시간의 초과노동을 부과했다.

백화점은 세일이 너무 많아요. 그러다 보니 세일의 의미가 별로 없죠. 1월 정기 세일, 무슨 세일, 매달 1일부터는 그달 정기세일. 원래는 금·토·일만 연장 들어가는 건데, 빨간글씨로 된 날까지 연장이 다 들어가는 거예요. 세일 기간이라고 1일부터 연장 들어간대요. 그러면 5일 동안 연장하는 거예요. 원래 3일 연장하는 건데. 그러고 월화수목 쉬었다가 금·토·일 또 연장 들어가요. 우리는 연장수당 따로 주는 것도 아니잖아요. 자기네가 월급 책정할 때 연장수당 들어갔다고 하는데[포괄산정임금제][16] 그건 아니죠. 간식을 먹여 가면서 연장근무를 하라고 하는데 솔직히 그것 안 먹고 빨리 가고 싶어요. 집에 가든 뭐든 빨리 이곳에서 벗어나고 싶은 거죠. 원래 운영시간도 옛날에는 7시나 7시 30분이면 끝났는데 시간이 점점 더 늘어져서 평상시에 8시에 끝나고 연장할 때는 8시 30분에 끝나고, 행사 깔고 뭐하고 하면 9시에 가기도 하고, 9시 30분에 들어갈 수도 있단 말이에요. 이렇게 늦어지니까 집이 먼 사람들은 밤 10시, 11시에 집에 들어가고 그래요.

:: 정민혜, 백화점 잡화 매장

백화점 판매직으로 일하는 대다수의 노동자는 여성이고, 이들은 긴 근무시간으로 인해 일과 가정생활을 양립하기 어렵다. 서울 지역 유통 판매직 여성의 수면시간은 6시간이었으며, 가족과 함께 보내는 시간도 하루에 1.9시간에 지나지 않았다. 관련 연구들은 유통 판매직 여성노동자의 자녀 돌봄 시간이나 수면 시간이 절대적으로 부족하다고 밝히고 있다. 게다가 한국 사회는 여성이 가사노동과 돌봄노동을 거의 전담하고 있으므로, 여성노동자는 장시간 임금노동, 가사노동과 돌봄노동으로 3중고를 겪을 수밖에 없다. 눈에 보이는 근무시간은 그나마 공식적인 것이지만 일과 생활을 함께 꾸려 가기 위해 이들이 겪는 시간 압박과 과중한 노동은 가시화되지 않는다. 우리나라 육아휴직 경험자의 평균 휴직 기간은 7.9개월인데,[17] 서울 지역 유통 판매직 노동자의 육아휴직 평균 사용 기간은 4.9개월에 불과했다.[18] 물론 현실은 이보다 더욱 열악할 것으로 보인다.

우리가 일이 너무 늦게 끝나다 보니까 가족끼리 식사를 같이 할 수가 없어요. 시간을 맞출 수가 없으니까 남편은 계속 혼자 밥을 먹고 나는 나대로 먹고 가고, 아이들도 제각기 먹고, 가족이 뭉칠 시간이 없어요. 그런 거는 안 좋은 것 같아요. 그리고 직원들도 매장에서 너무 스트레스 받게 되면 술도 한 잔 먹어야 일과가 끝나는 거예요. 늦게 자고, 이런 생활이 맨날 반복되고, 그게 스트레스가 되는 것 같아요.

:: 정민혜, 백화점 잡화 매장

서울 지역 백화점 여성노동자의 59.1%, 면세점 여성노동자의 72.7%가 자녀 돌봄 시간이 부족하다고 답변했다. 30세 이상인 경우 백화점 여성노동자의 94.7%, 면세점 노동자의 86.0%가 가족과의 여가 시간이 부족하다고 답했다.[19] 대부분의 노동자가 가족과 함께 보내는 시간이 적어 힘겨워했다. 상황이 바뀌려면 장시간의 노동시간과 공휴일 근무가 줄어야 한다.

종일 무조건 정자세로 말없이 기다리고 서 있으라는 거예요. 그게 너무 힘든 거예요. 그래서 한번은 억울해서 울었어요. 도저히 못하겠다고, 안 한다고 차고 나왔어요. 나 이딴 데서 일 안 해도 된다고. 나도 사람인데, 일하러 나와 가지고 하루 종일 말 한마디도 못해? 이거는 아니잖아요. 직원들 간에 서로 위안을 주고받고, 거기서 힘을 받아서 일을 하는 것인데, 그런 위안조차 못 받으면 무슨 맛으로 일을 해요? 참 답답해요. :: 박정아, 백화점 잡화 매장

아침 10시 반부터 저녁 8시까지가 정상 영업시간이에요. 그런데 우리가 매장에 10시 반까지 딱 맞추어 오면 아무것도 못하죠. 9시에 와서 그날 들어오는 물건들 받아서 정리해 놓고, 조회도 서고, 청소도 해야 해서 일찍 나와야 해요. 근데 그걸 급여로 쳐주는 건 아니잖아요. 근로 계약은 8시간 근로 기준으로 해요. 계약서를 보면 우리는 뭐가 뭔지 모르겠어요. 뭐는 얼마고, 시간 외 수당은 얼마고, 식비는 얼마고. 식비는 주지도 않는데……. 월급을 보면 다 나눠 놓았어요. 그러면 우리 기본급은 더 적다는 거잖아요. 우리는 실수령액만 알잖아요. 그런데 계약서를 보면 다 나눠져 있으니까 할 말이 없는 거죠. [노동조합이 있는] 화장품 직원들은 항의를 한 번씩 하잖아요. 담당들이 나와서 지키고 있는데 [같이 나서서 항의했다가] 잘릴 일 있어요? 우리 아줌마들이 갈 데가 어디 있어요? 못하는 거예요. 솔직히 정말 하고 싶은데…….

:: 정민혜, 백화점 잡화 매장

백화점이 연장을 하더라도, 며칠 전에 미리 얘기해 주는 법이 없어요. 갑자기 그날 아침이나 중간에 "오늘 연장할 거야" 이렇게 얘길해요. 우리는 전혀 생각하지 않는 거예요. 지네들 마음대로. 그런 걸 봤을 때 우릴 사람으로 보는 것 같지가 않아요. 단지 여기 와서 일을 하는 걸로만 보는 거예요. 개인의 삶은 전혀 상관하지 않는다는 거죠. 직원들의 삶은 중요하지 않은 거예요. 단지 고객들한테만 잘 하면 되는 거고요. 그렇다고 [백화점이] 고객들한테 100% 다 잘하는 것도 아니면서.

:: 유소영, 백화점 화장품 매장

파견직, 특수고용직, 계약직, 아르바이트 등 비정규직 '천국'이라고 불리는 백화점은 긴 노동시간에 대한 정당한 대가를 지급하지 않고 있으며, 휴무일, 휴게시간 등도 제대로 보장하지 않고 있다. 「근로기준법」 제56조는 "사용자는 연장근로와 야간근로 또는 휴일근로에 대하여는 통상임금의 100분의 50 이상을 가산하여 지급하여야 한다"고 명시하고 있다. 그러나 주요 유통업 종사자의 56.8%는 「근로기준법」이 정하고 있는 연장근로에 대한 조항을 제대로 적용받지 못하고 있다.[20]

정민혜 씨는 대가 없는 연장근무를 시키는 대로 할 수밖에 없었다. 실제 근무 상황과 다른 계약서에 사인을 할 때에, 밥 먹는 시간, 쉬는 시간, 간식시간까지 다 뺀 '공식적인' 노동시간을 마주하면서 그녀는 뛰쳐나가고 싶었다. 노동조합이 있는 일부 화장품 매장 직원들처럼 "드러누워" 목청 높여 노동의 대가를 달라고 외치고 싶다. 그렇지만 "정말 하고 싶은데" 할 수가 없다. 언제든 일할 수 있는 대체 인력들이 있고, 눈 밖에 나면 해고되기가 아주 쉽기 때문이다.

알바들을 미리미리 구해 놓는 거예요. 보조알바들이라든지 프리알바들이 있어요. 한 매장에서만 쓰는 게 아니라 아무 매장에나 갈 수 있는 시험을 봐서 그 사람들은 아무 데나 갈 수 있어요. 그 사람들로 대체를 쓰기도 해요. :: 정민혜, 백화점 잡화 매장

백화점에서 대체 인력으로 뽑은 판매 도우미들은 어디든 갈 수 있다. 잡화, 장신구에서 화장품, 명품까지 팔 수 있는 '손쉬운' 인력으로 상비되어 있다. 그들의 존재는 6개월씩 계약되어 일하는 민혜 씨를 불안하게 한다.

한 화장품 브랜드 노동조합의 조합원들을 만났다. 그녀들은 노동조합을 만들게 된 과정과 만든 이후 생겨난 변화들을 이야기하며, 초과근로에 대해 인정받게 된 경험을 말했다. 그간에는 수당을 받지 못하는 초과근로를 당연하게만 받아들이고 있다가, 노동조합이 생기면서 문제를 제기하고 초과근로에 대한 수당을 받아 냄으로써 자신들의 권리를 지켰다는 이야기였다.

2005년도에 정부가 주5일제를 시행해요. 주5일제를 하다 보니 휴일이 많아졌잖아요. 우리 회사에 원래 상여금이 있었는데, 매달 저희는 50%씩 받고 있었거든요. 근데 회사가 주5일제로 바뀌니까 임금 체계

를 변경한 거예요. 상여금 일부를 기본급에 넣어 주고, 그 나머지는 없애 버린 거예요. 회사가 임금 제도를 노동자들한테 불이익하게 변경하고 우리한테 유리한 것처럼 설명해서 노동자들의 사인을 다 받은 거죠. 그걸 바꿀 수 있는 방법을 노무사에게 가서 물어 보았는데 "노동조합을 만들어야 된다. 단체로 같이 요구를 하지 않는 이상 안 된다"라는 답을 들었어요. "노동조합 하려면 어떻게 해야 되냐?" 그래서 민주노총 서비스연맹에서 사람이 나와서 조직을 해준 거예요.

:: 유소영, 백화점 화장품 매장

전에 우리 출근 시간이 9시 반이었는데, 전 직원들이 8시에 출근을 해야 했어요. 그래야 매장 청소하고 재고 정리하고 뭐하고 하죠. 9시 반 정도가 되면, 백화점에서 조회를 하고 공지를 해요. 그때 당시 백화점은 9시 반부터 출근한 걸로 임금을 쳐주고, 오버타임이 발생하는 것에 대해서는 임금을 주지 않았어요. 우리는 그것에 항의를 못 했어요. 당연하다고 생각했는데, 그게 아니라는 걸 이후에 알게 된 거죠. 노동조합이 생기면서, 얘네가 불법적으로 해왔던 것들을 알게 되었어요. 오버타임 안 준 급여를 나중에 환산해서 다 받았어요. '내가 반박할 수 있다'는 걸 노동조합이 생기면서 처음 안 거죠. :: 정혜란, 백화점 화장품 매장

예전에 저희는, 식사시간도 무급이지만, 30분의 간식시간도 무급이었어요. 간식시간에 [쉬러] 갈 수도, 못 갈 수도 있었는데 말이에요. 못 가는 경우도 굉장히 많았거든요. 그걸 부당하다고 문제 제기해서 우리

[노동조합]가 유급으로 만들어 놓았죠. 예전에는 그걸 근무시간으로 안 쳐줬던 거예요. 얼마나 못됐어요. 치사하고 못됐고 악랄하고.

:: 유소영, 백화점 화장품 매장

정혜란 씨와 유소영 씨는 같은 노동조합의 조합원이다. 이들은 노동조합 활동을 통해 '내가 불합리한 관행이나 조건에 반박할 수 있다'는 것을 처음 알게 되었다. '아니오'라고 말했을 때 그녀들은 자신의 권리를 찾을 수 있었다. 백화점 판매직 노동자들은 층별로, 매장별로 파편화되어 있다. 노동조합이 있는 브랜드의 매장과 없는 매장의 노동 조건은 제각기 차이가 난다. 파견직, 특수고용직 등 다양한 고용 형태에 따라 노동조합을 만들 수 있는 여건과 가능성이 달라지기도 한다. 1층의 일부 화장품 브랜드에 노동조합이 조직되어 자신들의 권리를 하나씩 찾을 수 있었던 것은, 그들이 백화점의 직접고용 노동자는 아니나 입점협력업체 본사에서나마 정직원으로 고용된 노동자였던 점이 크게 작용했다. 동일한 근무 조건 속에서 의사소통이 보다 원활하고, 논의와 결정이 파급력 있게 전달될 수 있었기 때문이었다. 매장에서 결정권을 가진 매니저들이 동참했기 때문에 가능한 일이기도 했다.

백화점의 긴 근무시간과 열악한 노동 조건을 논의할 때 잊지 말아야 할 것은 이것이 고정된 상황이 아니라 이처럼 변할 수 있다는 점이다. 백화점의 노동시간은 유통업 시장의 변화와 함께 길어진 것이며, 노동자의 협상력 강화와 사회의 관심, 법적·제도적 변화에 따라 그 조건이 얼마든 변할 수 있다.

한국여성민우회의 시민 모니터링단 우다다액션단이 매장을 방문했을 때 매장에 근무하는 노동자 수는 2명 이하인 경우가 많았다. 1명인 경우가 35.2%, 2명 이하인 경우가 42.4%였다. 2명 이하인 경우는 모두 77.6%에 달했으며, 방문 당시 매장당 평균 2.04명이 일하고 있었다. 일례로 모 백화점의 본점 1일 방문객 수는 10만 명이다. 많은 방문객 수에 비해 매장당 평균 2.04명이라는 노동자 수는 상당히 적은 것이다. 고객에 비해 노동자의 수가 적은 만큼 각 매장에서 일하는 백화점 판매직 노동자의 노동시간과 노동 강도는 강화된다.

백화점 판매직 노동자들의 노동시간이 늘어나는 이유는 독과점화한 대형 유통업체들의 과다 경쟁이 심화되고 있기 때문이다. 야간근무와 휴일근무가 노동자의 건강과 삶을 해치고 있음에도, 백화점은 연중 무휴나 심야 영업을 확산하고 있다. 백화점의 영업시간 규제가 필요하다는 주장은 계속 제기되고 있다. 영업시간의 제한은 노동자가 일상생활을 영위할 수 있는 기본적인 권리를 보장하기 위한 첫걸음일 것이다. 또한 독과점화한 비정상적인 유통 구조를 개선하고 다양한 경제 주체들이 공존할 수 있게 경제적 민주화를 이루는 방안이기도 하다. 기업은 더 많은 자본을 축적하기 위해서가 아니라 더 많은 사람들이 살 수 있도록 운영되어야 한다. 유통업의 경쟁은 이윤이 들어설 자리를 점점 더 넓히고, 그 과정에서 사람이 설 자리는 점점 더 사라진다. 백화점은 마치 "사람의 기름을 짜면 무언가 더 나온다"고 여기는 듯 노동자들을 혹사했다. 그녀들은 자신들의 삶이 노동에 잠식당하지 않기를 바라고 있었다.

✦ 하루만 빨간 백화점의 달력 ✦

백화점은 대개 월 1회 정기 휴점일이 있고, 명절에는 당일 휴점을 한다. 2014년 9월 한 백화점의 달력을 보면 전체 30일 중 휴점일은 7일과 8일 이틀이었으며 한 달의 반인 15일 동안은 연장영업을 했다. 그중 주말인 금요일과 토요일, 일요일은 모두 한 달 내내 연장영업을 했다. 10월의 경우도 상황은 별로 다르지 않아 월요일인 20일 하루만 휴점이었고 주말을 포함하여 13일은 연장영업을 했다. 정기 휴일을 제대로 쉬지 못하는 상황에서 피로는 누적되며 그녀들이 말하듯 "버티는 것도 [스스로] 신기하게" 된다. 일주일에 단 하루도 쉬지 못한 채 일하기도 하며 명절에도 가족과 제대로 시간을 보내지 못하는 경우가 많다. 성수기에 백화점은 영업을 계속하기 때문에 여성노동자들은 휴가를 다른 이들과 같은 날짜에 쓸 수 없다.

정기 휴무도 옛날에는 매주 했잖아요. 그런데 지금은 한 달에 한 번밖에 없어요. 우리 잡화 계통은 무조건 다 계약직이에요. 1년 계약직이 아니고 6개월 계약직인데 실은 1년 사계절 하는 매장에서 그렇게 계약직을 쓴단 말이에요. 한 달에 5주일 일하면 우리도 다섯 번을 쉬어줘야 하는데 그렇지 않아요. 우리를 너무 착취해요. 나쁜 거죠. 그런 회사가 많이 있어요. 빨간 날도 나와서 일하지만 대체휴일을 주는 것도 아니에요. 빨간 날 그냥 못 쉬는 거예요. 우리나라는 5일제 근무인데 우리는 5일제 근무라는 걸 해보지 못했어요. :: 정민혜, 백화점 잡화 매장

일	월	화	수	목	금	토
			1	2	3	4
5	6	7	8	9	10	11
12	13	14	15	16	17	18
19	20	21	22	23	24	25
26	27	28	29	30	31	

● 30분 연장영업
● 휴점

※ 정상영업 AM 10:30 ~ PM 8:30

○○백화점 영업 일정(2014년 10월)

휴무도 일정치 않아요. 일반 회사원과 다르게 하루 12시간 일을 하는데 10일 동안 풀 근무하고 몰아서 쉬어 버리면 그 쉬는 3일 동안은 녹다운이에요. 차라리 3일에 한 번 쉬거나 하면 그나마 나을 텐데 일주일 넘게 풀로 근무해 버리면 체력이 버티는 것도 신기해요. 전 몰아서 쉬는 것보다는 정기적으로 쉬는 게 좋아요. :: 최지은, 백화점 화장품 매장

1990년대 초중반에 백화점은 평일 저녁 7시 30분까지 개점했다. 정기 휴점은 매주 1회 월요일에 있었다. 일주일에 하루를 쉬었던 것이다. 명절 때는 당일 하루와 뒤로 이틀을 쉬어 총 사흘을 쉬었다. 그러다 2000년대 초중반에 들어서 주중 근무시간은 저녁 8시까지로 늘어났고 정기 휴점은 월 1회(월요일)로 축소되었다. 명절 휴일은 당일과 그다음 하루만 적용되어 총 이틀을 쉬었다. 2012년 들어 백화점의 근무시간과 휴일 조건은 개선되지 않았고 되레 명절은 당일 하루만 쉬는 것으로 바뀌었다. 명절 일주일 전부터 연장영업을 하고 세일은 공

식적으로 연 4회가 있는데 한 번의 세일 행사는 15일간 진행된다. 시간이 지날수록 백화점 판매직 노동자들의 노동시간은 길어지고 강도가 강화되었다.[21] "옛날에는 좋았는데…… 옛날에는 사람들도 착했던 것 같아." 한 백화점 여성노동자가 쓴웃음을 지으며 아쉬움을 말했다.

백화점 판매직 노동자의 장시간 근무와 휴일 부족은 IMF 이후 사회 전반의 노동권이 후퇴되면서 일어난 현상이다. 감정노동의 강화, 서비스 교육의 변화, 휴일의 부족, 이 모두가 시대적 상황과 맞물려 일어났다. 백화점에서 10년 넘게 일한 유소영 씨는 인터뷰에서 이 문제를 지적했다.

1997년에 IMF가 터졌잖아요. 그전에는 백화점도 일주일에 한 번씩은 무조건 정기 휴점이 있었고요, 근무시간도 지금보다 좀 짧았거든요? 7시 반에 폐점이었는데, 지금은 8시, 8시 반이에요. 이제는 우리를 생각하기보다는 고객 편의를 더 생각하는 거죠. 지금 어떤 백화점은 11시 반인가 오픈을 해서 10시까지 해요. 직원들 '따위'는 전혀 생각하지 않는 거죠. 단지 거기 지역에 맞춰서 오픈을 하고 폐점을 하고 그러는 거예요. :: 유소영, 백화점 화장품 매장

노동 조건이 악화되자 소영 씨가 속한 노동조합은 반발했다. 해당 화장품 노동조합은 연장영업을 반대하고 주1회 휴점제를 하자는 선전전을 꾸준히 해왔다. 노동자들은 파견업체의 정직원인지, 계약직인지, 특수고용인지에 따라 호응도가 달랐다. 소영 씨는 백화점이 하루

더 휴일을 가지고, 30분 일찍 문을 닫는다고 해서 매출이 크게 달라지지 않을 것이라고 말했다. 이미 백화점은 포화 상태이고 경기는 불황이다. 고객은 한정되어 있고 가계의 소비는 전체적으로 크게 위축되어 있다.

문제는 노동자가 자신의 몸을 돌보지 못하면서까지 일하게 되는 지금의 상황이다. 소영 씨가 말을 이었다. "정말 백화점이 정휴[정기 휴업]를 하지 않는 이상, 노동자들은 그 안에서 계속 일을 할 수밖에 없는 상황이거든요. 정휴라도 끊어 주면, 몸을 돌보면서 좀 쉬어 줄 수 있는데……." 정기 휴일이 부족하다는 소영 씨의 목소리에는 무한해야 하는 매출과 유한한 사람의 몸을 견주어 느끼는 안타까움이 스며 있었다.

프랑스와 이탈리아의 경우 노동법을 통해 영업시간과 공휴일 영업을 제한한다. 프랑스의 「르와이에 법」Royer law과 「라파랭 법」Raffarin law은 대규모 점포가 들어설 때 소비자 대표, 정치인이 포함된 지역 구역위원회의 허가를 받게 하고, 노동법에 의해 영업시간을 규제받게 한다. 프랑스의 노동법은 노동자의 휴식권과 건강권을 보장하고, 일요일 영업을 금지한다.[22] 이탈리아에서는 법적으로 유통업 노동자의 노동시간이 늘어나는 것을 막고 영업시간을 제한하며, 일요일과 공휴일의 영업을 금지한다. 이러한 제도를 통해 노동 조건을 인간답게 지켜 낼 수 있게 된다.[23] 이는 '돈은 삶을 영위하기 위해 버는 것'이라고, '돈을 벌기 위해 노동자가 희생되어서는 안 된다'고 사회가 동의하는 것이다.

✦ 빼앗긴 휴식시간 ✦

점심시간과 간식시간은 백화점 판매직 노동자들이 쉴 수 있는 유일한 시간이지만 매장 분위기에 따라 그 확보가 확실한 것은 아니다. 일이 많을 때는 식사도 순번을 정해서 가고, 그마저도 최대한 빨리 끝내고 돌아와 근무를 지속해야 한다. 창고 일과 물건 체크 등 여러 업무로 인해 휴식시간이 제대로 보장되지 않을 때도 종종 있다.

지난 2014년 한국여성민우회는 백화점 판매직 여성노동자의 노동 조건을 시민의 눈으로 들여다보기 위해, 백화점 이용 경험이 있는 시민들을 대상으로 온/오프라인 설문조사를 실시했다(시민들이 직접 작성한 조사지는 총 1,206부였고 추가적인 모니터링 보고서는 446부였다). '백화점 노동자의 휴게시간이 얼마나 보장되어야 한다고 생각하는지' 물었을 때, 시민들은 1시간당 10.6분의 휴식이 최소한 보장되어야 한다고 답했다. 실제 백화점 판매직 노동자의 점심시간은 평균 37.7분이었다. 법정 휴게시간보다 20분 가량 부족하게 사용하고 있었는데, 백화점 노동자 5명 중 1명은 점심시간을 25분 미만으로 사용하고 있었다.[24] 「근로기준법」 제54조는 "사용자는 노동시간이 4시간인 경우에는 30분 이상, 8시간인 경우에는 1시간 이상의 휴게시간을 노동시간 도중에 주어야 한다"고 명시하고 있다. 앞서 시민들이 생각하는 적정 휴게시간은 시간당 10.6분이었는데, 만약 다수의 시민들의 바람대로 정해야 한다면 10시간 가량 일하는 백화점 노동자에겐 하루 106분의 휴게시간이 주어져야 한다. 법정 휴게시간을 고려해 보더라도 1시간

이상의 휴게시간이 주어져야 함은 물론이다. 변변한 의자도 없이 정 자세로 대기하며 서 있어야 하는 고달픈 판매 노동이기에 더더욱 그 렇다.

점심시간 1시간, 그리고 간식시간 40분이 있는데, 이것도 바쁘면 못 하죠. 바쁘면 밥만 먹고 바로 올라와야 해요. 저희 매장은 월초가 제일 바쁘거든요. 행사를 몰아서 하기 때문에 그때는 점심이고 간식이고 없고 풀로 근무하는 경우가 있어요. 그럴 때는 아침에 오픈하기 전에 김밥이나 간식 먹고, 일 다 끝나고 먹고는 해요. 점심시간이나 간식시 간같이 규정된 시간도 매니저님의 재량에 따라 움직이는 경우가 있거 든요. 동기들 같은 경우에 매니저님이 빡세 가지고 아예 간식시간이 없는 데도 있어요. 그럼 걔네는 점심시간도 40분밖에 없고 빨리 먹고 와야 해요. :: 최지은, 백화점 화장품 매장

손님 오면 밥 먹다가도 갔어요. 손님이 많은 때는 점심시간 1시간도 보장이 안 되는 거죠. 굉장히 바빴거든요. 호황기 때는 점심을 못 갔어 요. 그리고 점심을 가더라도 내 점심 때 가는 게 아니라, 한가할 때 시 간을 빨리 당겨서 가는 거죠. 11시 반부터 식사시간이어서 돌아가면 서 식사를 하거든요? 그럼 11시 반에 식사를 빨리 가서 돌아야 돼요. 내가 바쁘든 안 바쁘든 간에, 먼저 한 타임이 가야지만 또 다른 사람이 갈 수 있으니까요. 그렇게 돌아가면서 급하게 쉬는 거죠.
:: 정민혜, 백화점 잡화 매장

매장에 매니저 말고 직원이 저 한 명이에요. '말뚝' 혼자 선 적도 많아요. '말뚝'이라고, 매니저가 만약 쉬는 날인데, 파트타임해 줄 아르바이트 언니까지 없으면 종일 거기서 일하는 거예요. 밥도 거기서 먹어요. 김밥을 몰래 먹어요. 원래 백화점에서 뭐 먹으면 안 되거든요. 백화점 룰이 음료도 못 먹게 되어 있어요. :: 주은아, 백화점 의류 매장

3~4시간 서 있다가 30분 쉬고, 또 2~3시간 서 있다가 간식시간도 하고 이렇게 하는데요. 그나마 포스[계산대]는 앉을 수라도 있는데 우리는 앉을 데가 없어요. 솔직히 쉬는 시간 외에는 앉을 데가 없어요. 나 같은 경우는 이 나이 되면 다리도 아프고 허리도 아프고 다 아프기 때문에 주저앉을 때도 있어요. 너무 힘들면 책상에든 어디든 걸터앉기도 해요. 그러다 재수 없게 걸리면 지적당하죠. 우리가 의자를 옆에 갖다 놓고 앉았으면 좋겠다고 하는데 그러기는 어려운 것 같아요. 어느 한곳에 손님이 없으면 잠시라도 앉아서 쉴 수 있는 공간이 있으면 좋겠어요. 말은 추진한다고 하는데 전혀…… :: 정민혜, 백화점 잡화 매장

점심시간과 휴식시간은 공식적으로 지켜지는 시간이라기보다는 비공식적으로 가변될 수 있는 시간이다. "쉬다가 연락을 받으면 다시 매장으로 가고, 쉬다가도 막 뛰어가는" 시간이다. 매니저의 지시에 따라, 업무량에 따라, 행사 기간 여부에 따라 휴식시간은 사라질 수 있고, 점심시간도 단축될 수 있다. 노동자의 휴식시간은 매출보다 더 중요하지 않으므로. 의자도 제대로 갖추어지지 않은, 그마저도 부족한 휴게공

간과 시설 문제 때문에 피로와 긴장이 늘 함께한다. "손님이 없을 때 벽에 기대고 싶지만 바로 벌점이 부과되기 때문에 그럴 수가 없다."

2008년 한국여성민우회를 비롯해 여성단체, 노동단체들이 '서서 일하는 서비스여성노동자에게 의자를'이라는 캠페인을 진행했다. 이후 의자가 제공되는 비율은 30% 정도로 늘었는데, 실제 근무하면서 의자를 활용할 수 있는 환경이 안 되거나 회사의 압력을 받고 눈치를 보느라 의자를 거의 사용하지 못하는 상황이 많았다. 노동자들이 의자에 앉을 수 있는 분위기를 조성하고 공간과 동선을 배치하는 것이 필요한데, 이를 위해서는 무엇보다 노동자가 휴식할 수 있는 권리에 대한 기업과 소비자의 올바른 이해가 필요하다는 지적이 있다.[25] 인터뷰를 위해 백화점에 갔을 때 백화점 앞 공터에서 보았던 여성노동자의 모습이 기억난다. 늦은 점심 때였다. 유니폼을 입은 여성노동자가 컵라면과 삼각김밥을 혼자 먹고 있었다. 백화점에서 일하느라 한창 바쁠 때에는 점심시간이나 간식시간 없이 '풀로' 근무하기도 하는데 이럴 때에는 아침 오픈 전에 먹는 김밥과 일을 마친 후의 음식이 유일한 식사가 된다고 했다. 저 음식은 노동자의 하루 중 어떤 식사인 걸까.

백화점에서 직원에게 제공하는 식사와 간식에 대해서도 노동자들은 "그 질이 만족할 정도는 아니지만 비용을 생각해 참고 먹게 되는 정도"라고 말했다. 연장영업이 있을 때 나오는 저녁 간식은 그대로 저녁식사가 되기도 한다. 밥과 국, 한 그릇으로 된 간이 음식, 주먹밥, 라면, 단무지를 먹었다.

백화점 식당에서는 밑반찬이랑 국이 나오는 식사가 2천5백 원이니까 싸잖아요. 여기서 밥을 먹는데, 2천5백 원에 뭘 바라겠어요. 하지만 이왕이면 식사도 신경을 써서 해주면 좋겠어요. 간식 때는 비빔국수나 자장면이 나올 때도 있고, 밥에 반찬 하나 정도 나와요. 라면에 단무지라든가, 김치 같은 식이죠. 천 원에 먹는 건데, 정말 별로예요. 맛이 없어요. 연장 간식 때는 그것을 주지만 평상시에는 우리가 사 먹어요. 그것도 천 원부터 2천 원까지 있어요. 천 원에 먹는 건데 뭐, 찌개가 2천 원이면 싸죠. 김치찌개에 밥 하나지만 나가서 사먹으려고 하면 돈이 많이 들잖아요. 최소한 5, 6천 원이 드는 거니까 그냥 먹는 거예요. 안먹고 가는 사람이 더 많지만 저는 먹어요. :: 정민혜, 백화점 잡화 매장

점심은 1시간 안에 순서대로 먹어요. 매니저가 11시에 가서 먹고 오면 내가 가고. 식당이 있어요. 더럽게 맛없어요. 돈은 내가 내야 돼요, 충전해서. 거기는 2천5백 원 하는데, 3천 원 하는 곳도 있어요. 내가 생각했을 땐 차라리 그냥 이거 말고 밖에서 사먹고 싶기도 해요. 정말 맛없어요. 간식이 저녁식사인데 8시까지 일하면 간식 안 나오고 8시 반까지 하면 간식이 나오고 그래요. :: 주은아, 백화점 의류 매장

시간에 쫓기며 점심을 먹고 허겁지겁 매장에 돌아와 고객을 대한다. 간식으로 허기를 달래고 다시 서서 물건을 판다. 노동자들 간의 잠깐의 대화마저 휴식으로 간주당해 지적당하고, 무단 휴식에 대한 처벌로 고용이 위협받는 경우까지 있다. 휴식시간 배분 논의를 하다가

근무 중 잡담으로 지적당하고 해고의 위협까지 받은 것이다. 근무시간에 대한 엄격한 감시와 통제는 노동자의 시간에 대한 백화점 측의 태도를 보여 준다.

파트리더나 서비스라인[26]이 점검을 한다고 나왔어요. 전 같이 일하는 직원과 시간 협의를 보고 있었어요. "오늘 갑자기 일이 생겨서 물건 빼 와야 되니까, 간식시간이 40분인 것을 20분만 먼저 갔다 오고 나중에 20분 갔다 오면 안 되겠니?" 이런 협의를 보고 있는데 잡담을 한대요. 그래서 제가 "그런 것이 아니라 타임을 조정하고 있었다. 시간을 조절해야지 나도 밥도 먹고 쉴 수 있는 것 아니냐. 이런 조건을 만들기 위해서 협의를 하고 있었다"고 말했지만 위쪽에서 들은 척도 안 하고 무조건 잡담을 했대요. 그렇게 점수가 깎인 거예요. 손님이 없을 때 서로 잠깐 안부를 물어도 잡담했다고 지적해요. 그렇게 여러 번 걸리면 잘려요. 나도 입을 가진 사람인데 말을 할 수 있는 거잖아요. 쉬어야 하고, 협의하고 대화를 해야 하는데, 이런 것까지 묵살되는 게 정말 많아요. :: 박정아, 백화점 잡화 매장

백화점의 금빛 외양과 풍경 속에, 진열된 상품처럼 반듯하고 묵묵한 노동자들의 모습. 그녀들은 이처럼 화려한 공간에서 일하면서도, 사람답게 일하고 쉬고 싶다는 바람이 묵살된 데에 모멸감을 느낀다. 지금도 백화점에는 고객들이 무리 지어 들어오고 있고, 물건은 어김없이 진열되어 있으며, 노동자들은 언제나 웃고 있을 것이다. 하지만

늦은 시간까지 환한 백화점의 활기찬 영업은 결국 이러한 고된 노동
과 무수한 모멸감 위에 이루어지는 것이다.

성할 날 없는 몸과 마음

장시간 노동과 휴게공간의 부족, 비합리적인 업무 동선, 종일 긴장된 채로 서서 일하는 환경 등은 그들의 건강을 상하게 한다. 백화점 판매직 노동자가 일을 하느라 겪게 되는 질병의 종류는 다양하다. 백화점 노동자들이 업무로 인해 경험하는 질환 유형으로(중복 답변) 근육 질환이 85.7%, 발 질환이 80.7%, 정신 스트레스 질환이 76.4%, 호흡기 계통 질환이 76.0%, 무릎 및 관절 질환이 73.9%, 여성 산부인과 질환(생리불순 등)이 73.3%, 요통·디스크가 68.9%, 위장 질환이 66.9%, 혈관계 질환이 63.5%, 비뇨기관 질환이 42.3% 등이 있었다.[27]

백화점에서 일하는 분들 중에 진짜 몸이 안 불편한 사람이 없어요. 허리 병, 다리 관절 통증, 목이 당기고 디스크에……저도 지금 다 쑤셔요. 일하는 시간 동안 똑바른 자세로 서 있어야 하고, 두 손을 모으고 배 위에 가지런히 올려 두고 있어야 하고, 멘트를 해야 되고, 말 한마디, 한마디 다 신경을 써야 해요. 고객님 중 까탈스러운 손님들도 계세요. 다 맞춰 줘야 돼요. 서 있는 것도 힘든데, 업무시간 끝까지 웃음이 안 나온단 말이에요. 시간까지 연장돼 버리면 한마디로 몸과 마음 다 힘든 거죠. :: 박정아, 백화점 잡화 매장

진짜 힘들었어요. 발도 붓고 오랫동안 서 있으니까 불편하고. 게다가 구두를 신고 종일 서 있잖아요. 물집도 잡히고 하지정맥류도 생겨 아프고 그래요. 1층 화장품 매장에서는 다 구두 신어요. 저같이 막내인 경우에는 판매장에만 서 있는 게 아니라 물건 떨어지면 창고를 왔다 갔다 해야 해요. 창고 같은 경우 지하 3층에 있고, 엘리베이터도 잘 안 잡혀서 걸어 내려갔다 와야 하고, 체력적으로도 힘들죠.

:: 최지은, 백화점 화장품 매장

종일 서 있는 게 힘들죠. 다리가 많이 붓고, 하지정맥류 같은 게 많이 생기고. 올해는 우리 매장이 쇼케이스[진열대로만 이루어진 매장]이다 보니까 컨펌을 받아서 의자에 앉을 수 있게 됐는데, 쉽게 앉을 수 있는 건 아니고 특별한 일이 있을 때만 앉아야 해요. 손님이 없을 때 앉아 있어도 꼴 뵈기 싫은지 앉아 있다고 과장님이 한마디 하시더라고요. 그런데 어차피 의자를 줬으면 손님이 없을 때는 앉을 수 있는 건데, 인식이 안 그래요. 혼자서 대적할 수는 없죠. :: 정민혜, 백화점 잡화 매장

창고에서 짐 하나 꺼내는 것도 되게 위험해요. 사다리 타고 올라가야 하는데, 사다리에서 미끄러져서 손부터 겨드랑이까지 쭉 상처 난 여

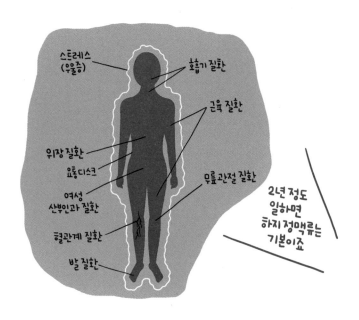

스트레스
(우울증)

호흡기 질환

근육 질환

위장 질환

요통디스크

여성
산부인과 질환

무릎관절 질환

혈관계 질환

발 질환

2년 정도
일하면
하지정맥류는
기본이죠

자 직원들도 있어요. 창고가 굉장히 좁아요. 사다리를 다 못 펴고 조금 밖에 못 펴요. 창고가 솔직히 별로 없어요. 다같이 쓰기 때문에 되게 열악하죠. :: 주은아, 백화점 의류 매장

　한국여성민우회가 시민들을 대상으로 진행한 설문조사에서 백화점 노동자가 앉아서 쉬는 걸 본 적이 있다는 응답은 5.5%에 불과했다. 우다다액션단의 모니터링 결과에서도 방문한 매장의 노동자가 앉아서 쉬는 것을 본 경우는 드물었다고 했다. 화장품 매장의 경우 고객이 방문할 시 앉게 유도하여 판매하는 것이 전략이기 때문에 고객 응대를 위해 앉아 있는 경우가 있고, 컴퓨터 전산 작업을 하느라 앉아 있는

경우도 있었으나, 앉아서 휴식하는 노동자를 볼 수 있었던 매장은 방문한 매장 중 단 한 곳도 없었다. "방문한 매장의 노동자가 모두 서 있었나요?"라는 질문에 91.4%의 시민이 그렇다고 답했다. 창고 같은 보이지 않는 노동 현장이 불편하고 열악한 상황, 몸을 꼿꼿이 곧추세우고 판매를 위한 노동을 빈틈없이 해내야 하는 상황은 백화점 노동자들의 건강을 병들게 한다.

어깨하고 목 디스크 쪽이 아프고요, 허리가 많이 아파요. 발은 자주 붓고요. 저는 일하기 전에는 디스크가 없었는데, 목 디스크가 제일 힘든 것 같아요. 다들 허리도 아프고, 물건 찾느라고 앉았다 일어났다 반복하니까 관절이 아프고. 이게 많이 쓰면 빨리 닳잖아요. 매장뿐만 아니라 창고에서 몸 써야 하는 일이 많은 거죠. 나이 든 동료가 그렇게 몸을 쓰는 것이 안쓰러우니까, 이왕 같이 하는 거 내가 더 한다고 살 떨어지는 것도 아니니까 많이 하려고 그러는데, 해보니까 힘들더라고요. :: 박정아, 백화점 잡화 매장

종일 서 있는 거니까 다리는 당연히 아프고 매일 몸이 성할 날이 없어요. 허리랑 어깨가 날마다 아파요. 서 있는 자체가 허리에 무리가 가는 자세잖아요. 구두 때문에라도 허리가 아픈데, 테이블이 있어서 일어나 응대하는 경우에 눈높이를 맞추기 위해 허리를 숙여야 해요. 안 숙이면 이것도 걸려요. 허리 숙이고 몇십 분이라도 있으면 힘들잖아요. :: 최지은, 백화점 화장품 매장

서 있는 게 사실은 아무나 할 수가 없어요. 서 있다 보면 어지럽기도 하고, 허리나 다리가 아프기도 하고. 주변에 하지정맥 수술을 한 사람도 많아요. 혈관이 점점 더 푸르게 겉으로 올라오니까. 저도 작년에 무릎 연골이 파열되었다고 해서 수술을 했어요. 서 있는 직업을 오래 하다 보니까 그럴 수 있다고 해요. 그런데 수술하고 나서도 너무 쑤시고 아파요. :: 정민혜, 백화점 잡화 매장

일이 너무 힘든 거예요. 시간이 길고 일을 계속 빡세게 해요. 우리는 판매만 하는 게 아니에요. 우리는 노가다예요, 노가다. 일단 물품 들어오죠. 그러면 박스가 이따만 해요. 20킬로 정도 돼요. 다섯 박스, 열 박스 들어와요. 그러면 허리가 휘청거려요. :: 정민혜, 백화점 잡화 매장

노동조합이 없는 대부분의 백화점 판매직 노동자들은 일하다 다쳤다는 것을 제도적으로 인정받는 것이 요원하다. 심지어 노동조합이 있는 한 화장품 매장의 경우에도, 노동자가 산업재해 신청하는 것을 회사가 막아 조합 차원에서 항의를 하기도 했다. 일하다 다치는 것을 산업재해로 신청하는 것이 아직은 쉽지 않은 상황이며, 노동조합이 있다 하더라도 부단히 항의하고 힘을 길러야 목소리를 낼 수 있다. 노동자들은 질환이 발생했을 때 개인적으로 병원이나 한의원에 가고 약국에 가서 해결했다. 산재 처리를 하거나 진료비를 받거나 작업 배치 전환을 한 경우는 거의 없었다.[28] 입점협력업체에 소속된 정직원이 아니라면 해당 유통기업을 대상으로 산재를 신청하기조차 어렵다.[29]

우리한테 회사가 산재 처리하지 말라고 해서 우리가 회사에 컴플레인 걸었거든요. 산재 처리 하지 말고 그냥 병가를 쓰든가 하라고 얘기를 했대요. 아무리 노동조합이 있다 하더라도, 그걸 자꾸 컴플레인 걸지 않으면 안 돼요. 큰 틀에서는 노동조합이 나름대로 정리를 해주지만, 일대일 노사 관계에 있어서는 어떤 말을 하는지 모르잖아요. 일대일 로 싸운들 나중에 보복당할 수 있기 때문에, 조합원들이 강해지지 않 는 이상은 되게 힘들더라구요. :: 유소영, 백화점 화장품 매장

걷고 있으면 괜찮은데 10분이라도 한자리에 서 있으면 무릎이 찌릿찌 릿해요. 비오는 날에도 아프고요. 발 사이즈도 230이었는데 지금 235 로 늘어났어요. 2년 이상 일하면 하지정맥류는 당연히 걸리는 것 같아 요. 2년 이상 근무한 선배들 중에 하지정맥류 없는 분이 없어요. 산재 로 보상해 주는 건 거의 없고요. :: 한아름, 백화점 잡화 매장

노동자들은 일을 하느라 상한 팔다리를 자신의 돈을 들여 수술하 기도 하고 근골격계 질환으로 통증이 생긴 것을 마냥 참기도 한다. 눈 에 보이지 않고, 질병으로 잘 알려지지 않은 아픔을 공론화하기는 더 힘들다. 『반쪽의 과학』에서 캐런 메싱은 서비스 직군에 종사하는 여성 노동자들이 겪는 스트레스와 건강 문제에 대해 논한다. 메싱을 포함 한 연구자들의 연구에 따르면, 서비스 직군은 "정서적으로 압박을 느 끼는 상황에서도 냉정함과 친절함을 유지할 것을 요구"받고, 고도의 집중력을 발휘하여 "여러 가지 일을 동시에 해야 하는" 종류의 요구도

가 높은 직업이다. 또한 이 책은 고객을 상대하는 이러한 직업들이 근육의 긴장, 감염에 대한 위험, 폭력에 노출될 가능성 등 신체적·정신적 부담이 크다는 점도 짚고 있다.[30]

백화점 여성노동자들은 손님을 맞을 자세로 언제나 반듯하게 매장에 서 있어야 하며, 물건을 가지러 멀리 떨어져 있는 창고를 오가는 등의 육체노동을 해야 하고, 판매에 걸맞은 외모를 유지해야 하며, 고객들에게 항상 '입꼬리를 올려' 웃으면서 감정노동을 해야 한다. 이 모든 행위는 동시에 이루어지며, 백화점과 입점협력업체 본사, 그리고 매장 내의 동료와 고객의 감시를 받으며 수행된다. 이런 강도 높은 노동을 수행하다 보면 탈진되면서 허탈함과 우울에 빠지기도 한다.

노동환경건강연구소에서는 지난 2013년『백화점 판매 분야 실태 보고서』를 발표했는데(447명 응답, 여성 95%), 설문 중에는 최근 1년 사이 자살 충동 및 시도에 대한 경험을 묻는 질문이 포함되어 있었다. 그 결과, 자살 충동을 느낀 경험이 무려 33.6%에 이르는 것으로 나타났으며 9.3%는 시도를 해본 것으로 나타났다. 이는 일반인의 평균 수치보다 훨씬 높은 수치로, 백화점 판매직 노동자 집단의 위험성이 심각한 수준임을 알 수 있다. 자살 충동의 이유는 40%가 직장 내 문제 때문이었고, 자살 시도 이유 역시도 직장 내 문제 때문이라는 답이 26%에 달했다. 직무 스트레스가 자살 충동·시도 등을 유발하는 큰 원인으로 지목되고 있는 만큼, 이를 해결하려는 노력이 시급히 필요하다.

요즘은 우울증도 많아요. 고객으로 인해 받는 스트레스가 큰 거예요.

직원인 나는 잘 한다고 하는데, 뭔가 말이나 행동으로 상처를 받으면 '내가 왜 이런 대접을 받고 근무를 계속 해야 되지?' 이러면서 우울감이 오는 거예요. 실제로 동료들을 보다 보면 심리적·정신적 질병이나 압박이 이전에 비해 더 많아진 것 같아요.

요즘 조합이 있는 데서는 정신적 치료 프로그램도 도입해서 직원들이 받을 수 있게 해줘요. 저희도 도입하려고 준비 중에 있고요. 직원들의 심리 치료나 그런 부분을 해소해 주려고 고민하고 있어요. 저희 같은 경우는 감정노동 수당도 받지만 올해 단협에서는 감정노동 유급휴가를 따냈어요. 1년에 하루 정도는 감정노동 휴가라고 의미를 부여해서 감정노동으로 수고하는 직원에 대해 배려를 한다는 것이 전해지게끔 해요. :: 윤강희, 면세점 화장품 매장

노동환경건강연구소는 보고서에서 백화점 판매직 노동자 대부분이 고객을 통해 인격무시 발언을 듣고 있으며, 절반 가까운 이들은 폭언에 시달린 경험이 있다고 밝혔다. 심한 경우, 신체적으로 위협당하거나 성희롱 피해까지 겪는 사례도 있었다. 하지만 회사가 고객에게 법적 책임을 묻도록 지원해 준 경우는 극히 일부에 그쳤다. 회사는 말로 얼버무리거나 '그냥 참으라'고 하는 경우가 대부분이었다. '고객에게 무조건 사과하라'고 하기까지 했다. 전국민간서비스산업노동조합연맹은 서비스 노동자가 감정노동을 하면서 얻은 건강 장애를 산업재해로 인정하라고 주장했다.[31]

최근 몇 년 사이, 서비스 판매직 노동자들이 감정노동으로 인해

얻게 되는 각종 질병을 산업재해로 인정받을 수 있도록 「산업안전보건법」을 개정하려는 움직임이 일어났다. 「산업안전보건법」 개정안은 고객의 폭언이나 무리한 요구 때문에 노동자가 피해를 입지 않도록 사업주가 예방 조치를 하도록 하고, 업무 중 발생한 정신적 스트레스로 생긴 질병을 산재로 인정하는 내용을 담고 있다.[32] 2012년 10월 이후 19대 국회에서만 16개의 감정노동자 보호법안이 발의되었으나, 논의조차 되지 못한 채 그 중 11개의 법안이 자동 폐기됐다. 그 중 김기식 의원이 발의한 법안만이 2016년 3월 통과되었으나, 「은행법」, 「보험업법」, 「상호저축은행법」, 「여신전문금융업법」, 「자본시장법」에 종사하는 감정노동자에 국한되었다. 2016년 7월 현재, 감정노동전국네트워크에서는 전 범위의 감정노동자 보호를 위한 보호법을 20대 국회에서 재추진할 것을 준비하고 있다.[33] 서비스 판매직 노동자의 건강 문제가 제기되는 것은 그 수위가 위험한 정도에 이르러 공론화되었기 때문이다. 그러나 재계는 이러한 입법에 강하게 반대했다. 산재 보험료가 인상되고 질병의 인과 관계를 인정할 수 없다는 이유에서였다.

유럽의 경우, 제조업 부문에서 일어나는 사고에만 산업재해를 한정 짓지 않고, 서비스업 노동자들이 겪고 있는 직무 스트레스로 인한 질병 역시도 산업재해로 인정하고 있다. 유럽연합은 직무 스트레스를 차별 행위라고 간주해 법으로 처벌할 수 있도록 정하고 있기도 하다. 일본은 「노동안전위생법」에 따라 사업자가 노동자의 마음 건강 유지를 위한 지침서를 사업장에 비치하게 하며, 작업 때문에 병이 생긴 경우 산재로 인정한다.[34]

「산업안전보건법」 개정 발의 등 감정노동자들의 정신적 건강에 대한 공론화가 일어나고 있으나 입법화되기까지는 더 많은 사회적 합의가 필요하다. 일하면서 소진되지 않도록 하는 법적·제도적 틀을 만들어 가기 위해서는 우선 서비스 판매직 노동의 성격을 이해할 필요가 있다. 또한 대부분의 서비스 판매직 노동자들이 불안정 노동자의 지위로 일을 하고 있는 구조에 대한 비판적 진단도 병행되어야 할 것이다.

노동 통제와 업무에 대한 스트레스로 자살하거나 병드는 노동자들이 늘어나고 있다. 2015년 10월 22일에는 롯데백화점 B지점 행사장에서 일하던 일용직 판매사원이 점퍼와 바지를 팔다가 점심 때 백화점 화장실에서 숨졌다. 화장실에 간다던 그녀가 돌아오지 않아 동료들이 화장실로 찾아갔을 때, 그녀는 급성 심장마비로 이미 사망해 있었다.[35] 그녀는 10여 년 동안 해당 백화점에서 열심히 일하며 생계를 꾸려 왔지만, 백화점은 직접 고용 관계가 없다는 이유로 산재 처리를 거부했다. 이 때문에 유족은 업무와의 연관 관계를 밝혀야 하는 지난한 싸움 앞에 놓였다. 백화점 판매직 노동자들의 몸과 마음은 지금도 소리 없이 병들어 가고 있다.

백화점은 노동자들을 끊임없이 감시하고 통제하면서도, '우리 품에 있는 사람들이 아니'라고 대하죠. 아이러니함이랄까요. 설사 이 사람이 용역회사 소속이고 일은 백화점에서 한다 하더라도 기업이 당연히 해야 할 운영에 있어서는 그 사람들을 지켜야 하지 않나요? 그렇게 노동자를 감시하고 평생 일을 시키면서도 그녀들이 '우리 사람 아니다' 라고 내치는 게 얼마나 잔인한가요. :: 이소희, 민우회 활동가

백화점 판매직 노동자들의 건강권을 지키기 위해서는 제도적인 울타리를 마련하는 것이 시급하다. 고용의 안정성을 보장하고, 산재 승인의 근거가 되는 「산업안전보건법」을 현실적인 상황에 맞추어 바꾸어 내야 한다. 새로운 영역에서 발생하는 질병, 판매원 등 서비스업 종사자들이 받게 되는 심리적·신체적 장애를 예방할 수 있는 법안을 만들어 내야 한다. 그러기 위해서는 무엇보다 선행되어야 할 것이 있다. 일하다가 누구도 다치고 죽어서는 안 된다는 것을 우리 사회가 공감할 수 있어야 한다. 노동자의 고통에 무감각한 풍토를 바꾸어 내야 한다.

오래 일하고, 적게 벌고

백화점의 고용 형태가 복잡함에 따라 임금 체계도 가지각색이다. 특수고용인지, 파견인지, 아르바이트인지 등에 따라 급여 체계는 다르게 작동한다. 판매수수료로 임금을 가져가거나, 낮은 기본급에 판매 액수에 따른 인센티브를 붙여서 받거나, 12시간을 일해도 하루에 5~6만 원을 받거나 등등 여러 가지다. 파견노동 같은 경우, 입점협력업체의 정직원인지 계약직인지에 따라서 급여 체계가 차별적으로 적용된다. 백화점과 본사의 지원 정도에 따라 매장마다 매출액이 달라질 수 있는데, 이로 인해 인센티브에 차등이 발생해 급여차가 생기기도 한다.

급여는 백화점마다 조금씩 달라요. 아르바이트는 일률적으로 일당 5~6만 원씩 나가요. 백화점 매장 직원 같은 경우는 [간접고용] 계약직이 있고 정직원이 있어요. 브랜드 측에서 뽑는 계약직은 월급이 정해져 있어요. 140~150만 원 정도 돼요. 정해진 휴무보다 더 쉴 경우에는 더 깎이는 경우도 있구요. [입점협력업체] 정직원 같은 경우는 휴무도 더 많고, 명절 땐 본사에서 나오는 선물도 있고, 보너스도 있더라구요. 계약직 같은 경우, 급여가 1년에 올라 봐야 5만 원이에요. 정직원들도 일정 기간을 두고 월급이 오른다고는 이야기하지만 정확히 올려 주는 곳은 많지 않은 것 같아요. 계약직은 1년씩 계약하는데 1년 뒤에 본인 월급을 올려서 다른 브랜드를 선택하기도 하죠. :: 이은영, 백화점 의류 매장

화장품 매장에서는 기본급과 인센티브를 합해서 160~180만 원을 받아요. 진짜 많이 받으면 200만 원. 저희 브랜드가 기본급도 제일 높은데 그만큼 부려먹고 주는 거죠. 돈 받는 만큼 스트레스는 장난 아니에요. 팀 매출이기 때문에 개인차는 별로 안 나지만 매장별로 등급이 있어요. 등급에 따라 받는 것도 다른데, 잘나가는 매장은 1년 내내 잘나가고, 못나가는 매장은 1년 내내 죽는 경우가 있어요. 광고나 샘플 같은 것도 백화점별로 지원해 주는 게 조금씩 달라요. 그 백화점에서 제가 있는 곳을 잘 밀어주지 않았거든요. 자리도 더 좁고, 사은품도 다른 곳보다 좀더 안 해주고. 백화점이 좀더 잘 밀어준다고 하면 부스도 두 배, 세 배로 크고 덤도 더 해주고 그래요. 고객들도 다 따져 보고 하나라도 더 주는 데 가서 구입을 하죠. :: 최지은, 백화점 화장품 매장

나는 그래도 매니저라 조금 대우를 받고 있지만 그렇지 않은 사람들, 막내들은 10년째 월급이 동결되어 150만 원 정도만 받는다고 하더라고요. 중요한 건 남들은 보통 8시간 근무인데, 우리는 근무시간이 9시에 출근해서 9시에 나가면 12시간 근무잖아요. 인건비 같은 것도 조금

더 늘었으면 좋겠어요. :: 정민혜, 백화점 잡화 매장

[입점협력업체] 정직원으로 들어갔는데 한 달에 130만 원 받았어요. 수당 그런 거 다 안 따지고 모든 게 다 포함되어서 지급된 금액이 그거였어요. 4대보험 안 되고, 퇴직금 안 주고. 일한 마지막 달에는 일당으로 쳐서 알바비로 주겠다고 했는데 그것조차 덜 줬어요. 내가 아이가 없고, 상종도 하기 싫어서 그냥 나왔어요. 일 자체는 힘들고 돈은 안 되고……. :: 주은아, 백화점 의류 매장

백화점 판매직 노동자들이 받고 있는 급여는 기본급에 비해 인센티브의 비중이 크기에 안정적이지 못하다. 화장품 매장에서 일하는 김희진 씨는 "막내는 140만 원에서 160만 원 정도를 받고, 매니저급은 230만 원에서 250만 원, 많이 받으면 300만 원을 받아요. 이건 인센티브가 포함된 값이에요"라고 말했다. 매출액에 따라 매장에 등급이 매겨지고 급여가 차등화되기도 한다. 급여가 제대로 오르지 않으니 경력직으로 매장을 옮겨 급여를 스스로 올리려고 하는 경우가 많다. "일이 힘드니까 한 푼, 두 푼이라도 더 받고 싶은 마음"에서 이직하는 것이다. 그러나 "백화점은 사람을 뽑을 때 그전에 판매 서비스직에서 일한 경력자를 우대하기는 하지만, 그 경력에 대한 경력 수당을 주는 식의 실제적인 혜택은 없"다고 노동자들은 입을 모아 말한다.

이 세계에서는 연봉 협상도 협상이 아니라 그냥 통보예요. 동결이라

고 통보해 줘요. 인센티브로 더 받는 수밖에 없어요. 20년 정도 일하면 다른 회사에서는 거의 임원급일 텐데 판매사원은 매니저가 최고인 게 좀 그래요. 인센티브인 경우 개인들끼리 경쟁하고 브랜드 간에 경쟁해서 장단점이 있는 것 같아요. :: 한아름, 백화점 잡화 매장

달마다 목표를 주죠. 백화점에서 "5억을 해라"라고 해서, 5억을 하면 인센티브를 주는 거죠. 또 이번 달에 어떤 제품이 새로 나왔다거나, 회사에서 전략적으로 미는 제품들이 있잖아요. 그걸 판매를 하면 개당 얼마씩 주는 역매 인센티브[36]도 있어요. 예를 들어 제품 하나 팔면 천 원, 100개 팔면 10만 원 이런 식으로 있죠. :: 정민혜, 백화점 잡화 매장

레귤러 인센티브가 있고, 역매나 그런 개인 인센티브는 있을 때도 있고 없을 때도 있죠. 개인 인센티브 같은 경우는 좀 안 했으면 좋겠다 싶은 게, 너무 개인 이기주의로 가잖아요. 그렇다고 한 매장에 열 명이 있으면 그 열 명이서 그 인센티브를 다 받을 수 있느냐? 그것도 아니에요. 누구는 받고, 누구는 못 받고. 그러면 받는 사람들은 좋지만 안 받는 사람들은 기분 나쁠 거 아니에요. 그러다 보니까 매장 팀워크도 깨지는 거고. 그러면 누가 허드렛일을 하려고 하겠어요. 다 판매만 하지. 그러니까 매장을 운영하는 매니저들도 힘들어질 수밖에 없는 거예요. 매출 욕심이 있는 직원들은 주말에도 안 쉬고 그냥 나와서 매출을 하고 인센티브 받아 가고 그래요. 그러면 팀워크는 다 깨지는 거죠. :: 유소영, 백화점 화장품 매장

백화점 판매직 노동자에게 인센티브는 중요하다. 기본급이 낮은 상황에서 인센티브는 이를 만회할 유일한 수단이기 때문이다. 경력 인정과 연봉 협상이 제대로 되지 않는 현실에서 인센티브를 통한 급여 확보는 절실한 문제가 된다. 인센티브를 받아야 그나마 생활이 되기에 휴일도 반납하고 근무하는 경우도 종종 생기는데, 그 과정에서 잃게 되는 것은 노동자로서의 정체성이다. 인센티브는 기본급의 비중을 낮추고 노동을 경쟁 상황으로 내몰며 노동자들 간의 연대감을 파괴한다. 매장에서 오래 근무한 유소영 씨는 인터뷰에서 인센티브 때문에 직원들의 팀워크가 깨지는 것을 크게 우려하고 있었다.

사회학자 김영선은 『과로 사회』에서 "저임금 구조가 사회적으로 약한 집단, 곧 비정규직, 여성, 이주 노동자, 노인, 청소년, 장애인에게 전이돼 나타"나고 있음에 주목했는데, "최근 두드러지고 있는 비정규직의 여성화, '최저임금의 여성화' 문제는 저임금의 전이 현상을 고스란히 보여 주는 대목"이라고 짚고 있다. 경제 위기 이후 기업들이 구조 조정을 하는 과정에서, 기본급 비중이 30~40%까지 떨어지는 일은 비일비재했다. 노동 유연화는 기본급 비중이 감소한 데 핵심이 담겨 있다. "성과급을 매개로 계속되고 있는 장시간 노동 관행은 본질적으로 노동자를 착취하는 수단이자 일자리를 수탈하는 방식이다."[37]

노동조합이 있는 일부 화장품 매장의 경우, "조합이 일괄적으로 임금 인상을 하기 때문에 임금 인상 협상이 되는" 창구가 생긴 셈이다. 노동조합은 지나치게 높게 책정된 목표 매출액을 일부 낮출 수 있게 하고 노동 강도 조정과 휴가 사용 등에 개입하며, 급여를 다른 매장에 비해 상대적으로 안정적으로 받게 해주는 울타리 역할을 해준다. 그러나 유통업의 노조 조직률은 2007년 기준 3.6%이고 그 가운데 비정규직은 1.7%였다. 유통업에서 일하는 노동자들 대부분이 노동조합에 속하지 않은(못하는) 것이 현실이다.[38] 간접고용된 비정규직 노동자들이 노동조합을 만드는 것은 어려운 일이다. 그러나 노동조합을 통해 노동자로서 협상력을 가지고 발언한다는 것은 노동 과정의 변화를 끌어낼 수 있는 여전히 중요한 방법이다.

아름다움도 노동의 일부

백화점 판매직 노동자들이 감내하고 있는 것은 긴 노동시간, 불안정한 고용 조건, 적은 급여만은 아니다. 이른바 '백화점의 꽃'이라 비유되는 여성노동자들은 상품을 돋보이게 하고 고객들의 눈길을 끌기 위해, 백화점의 획일화된 규정에 자신의 몸을 맞추어야 하는 불합리한 상황에 놓이게 된다. 이들은 매장을 오픈하기 전에 화장과 복장, 머리 모양을 비롯해서 외모를 점검해야 한다. 백화점 측에서 갑자기 모니터가 나와 규정에 맞지 않는 외모를 지적할 때도 있다. 그래서 일을 하면서도 그녀들은 수시로 긴장한다. 큰 액세서리를 한다거나 머리를 규정보다 밝게 염색하면 안 되고, 머리카락이 너무 길어도 지적받으며, 복장도 종종 유니폼을 맞추어 입어야 한다. 그녀들의 노동은 이러한 외모를 유지하는 조건 속에서만 가능하다. '활기차 보이되 너무 진하지 않은 화장', '밝아 보이되 깔끔하고 단정한 인상을 줄 것'. 이러한 규정은 백화점이 소비자에게 전달하고 싶어 하는 이미지에 맞게 철저히 의도되어 있다. 이러한 규제는 특히 1층에 있는 화장품 매장에서 강한 구속력을 지닌다.

파마하면 안 되고요. 머리 색깔 너무 밝은 것도 안 되고요. 머리가 길면 머리망을 써야 하고요. 깻잎머리 안 되고요. 앞머리가 눈썹을 가리면 안 되고, 손톱도 길면 안 되고, 매니큐어 바르는 것도 색깔 없는 걸로 해야 돼요. 시계 화려한 거 안 되고, 액세서리도 결혼반지는 되지만 커플링은 제약되고요. 팔찌 안 되고, 목걸이도 걸면 안 되고, 귀걸이도 딸랑거리는 거 안 되고…… :: 김희진, 백화점 화장품 매장

메이크업 아티스트들은 깔끔해야 하잖아요. 잔머리 안 나오게 저희는 머리망을 해요. 액세서리도 단정한 것으로 하고 개인 취향은 자제해야 하죠. 네일도 규정에 맞게 깔끔하게 해야 하는데, 투명 매니큐어라도 바르게끔 되어 있어요. 그런데 솔직히 막내 같은 경우에는 창고 일을 더 많이 하잖아요. 창고에 다녀오면 손이 지저분해져요. 먼지더미에서 박스 까서 정리하는 일인 '까대기'도, 바쁜 날에는 100박스 넘게까요. 손톱이 하루도 안 돼서 벗겨지고 지저분해지니까 되게 스트레스예요. 손톱 관리 하라고 하는데 젤 네일 같은 거는 비용도 시간도 드는 거라서……. 창고를 그렇게 많이 가는데 되게 짜증났어요.

:: 최지은, 백화점 화장품 매장

화장은 물론 액세서리와 손톱까지 관리 규정하는 지침은 실제로 창고를 오가며 육체노동을 하는 백화점 판매직 여성노동자에게 불편을 가져온다. 창고 일을 하고 매장을 오가면서 지저분해진 손톱을 의식하고 지적받으며 다시 손질하는 것은 일상적인 스트레스를 준다. 그녀들은 백화점의 보이는 곳과 보이지 않는 곳에서 동분서주하며 타인의 시선에 비칠 외모를 거듭 확인해야 한다. 고객 응대 외에도 매장 청소, 재고 정리, 상품 진열, 전산 작업 등 다양한 일을 해야 하는데, 딱 맞는 옷, 짧은 치마, 높은 구두 등은 일하기에 불편한 복장이다.

탈의실 앞에 복장 규정 포스터가 붙어 있어요. 여직원 복장 규정은 있는데 남직원 복장 규정은 없어요. 남자 규정은 한두 줄로 '눈썹 밑으로 머리 기르지 않고 담배 냄새 풍기지 않기' 정도인데, 여자는 '머리 길이에 따라 어떻게 화장하고, 치마는 어떻게 입고, 매니큐어는 어느 정도 하고, 눈 화장 진하지 않게 어떻게 할 것이며, 렌즈도 색깔 있는 것 말고 어떤 것을 착용할지, 염색 색깔은 어떻게 선택할지, 머리망을 하는 법, 머리카락이 어깨에 닿을 시에는 묶을 것' 등 세세한 규정이 많이 있죠. 신발은 굽이 5센티미터 되는 구두를 신으래요. 전 평발이라 되게 아픈데, 백화점에서는 꼭 굽 있는 구두를 신고 일하라고 얘기해요. 바지는 입으면 안 돼요. 제가 한번은 분홍색 매니큐어를 했어요. 대리가 지나가다가 제 앞에 갑자기 딱 서서 "매니큐어 이쁘네?" 하면서 삭 지나갔어요. 옆에 있던 선배님이 저보고 "빨리 가서 매니큐어 지우고 오라"고 그랬어요. :: 한아름, 백화점 잡화 매장

탈의실

여직원 복장규정

파마 X, 머리 밝은색 X, 손톱길면 X, 화려한 시계 X,
색깔있는 매니큐어 X, 결혼반지 O, 커플링 X,
팔찌 X, 거친 목소리 (←?) X, 달랑거리는 귀걸이 X,
머리카락 어깨 닿으면 묶기, 길면 망으로 묶기,
눈화장 진하면 X, 색깔 있는 렌즈 X, 구두 굽 5cm,
치마 종류·길이 지정···

남직원 복장규정

눈썹 보이는 머리 길이, 담배 냄새 안 나게
〈끝〉

화장품 매장에 비해 다른 매장은 옷과 화장에 대한 통제가 덜하다고 여겨지지만, 잡화 매장에서 일했던 한아름 씨는 엄격한 복장 규제를 경험했다. '여직원 복장 규정'은 포스터로 탈의실에 붙어 있을 만큼 공식화된 것이다. 굽이 높은 구두를 신어야 하다 보니 '보이지 않는 매대 밑에서' 발이 아팠다.

한국여성민우회에서 진행한 시민 설문조사 결과, 매장 방문 시 편해 보이는 신발을 신고 있는 노동자보다 구두, 단화 종류의 불편해 보이는 신발을 신고 있는 노동자가 훨씬 많았다. 굽 높은 구두 9.5%, 굽 낮은 구두 50.6%, 단화 30.9% 비율로, 불편한 신발을 신은 노동자가 91%를 차지했다. 굽이 높은 구두는 많은 백화점 노동자들이 앓고 있는 무지외반증의 원인이 된다. 또한 설문에 응답한 시민의 31.7%가 매장에서 일하는 노동자들의 복장이 불편해 보였다고 답했다.

안경을 쓴 판매직 여성노동자도 드물었다. 우리나라에서 만 19세 이상의 성인 중 안경을 쓰는 사람이 40.1%(2013년)인데,[39] 설문조사에서 백화점 노동자 중 안경 쓴 노동자의 비율은 그보다 더 낮아서, 한 층에서 안경 쓴 노동자의 수는 평균 2.45명에 불과했다. 방문한 층에 안경 쓴 사람이 10명 이상 있는 곳은 한 군데도 없었다.

복장 규정은 남성 직원보다는 여성 직원들에게 주로 적용되는 것이었는데, 유통업계에서 판매직 여성노동자를 어떤 관점에서 대하는지를 여실히 보여 준다. 머리 길이, 화장 색깔, 치마 종류, 매니큐어 색상, 눈 화장의 정도, 렌즈 종류, 머리망 사용, 머리를 묶는 기준까지 지시하는 '여성 직원의 복장 규정'은 백화점이 남성노동자와 다르게 여성노동자를 외모로 상품화하는 것을 보여 준다. 그녀들의 외모는 백화점 매장이 원하는 이미지에 맞게 연출되며, 그녀들은 통일된 모습으로 고객들 앞에 나란히 서야 한다.

✦ 미적 노동 ✦

이러한 외모 규정의 의도는 명백하다. 목표는 '매출 신장'이다. 백화점 판매직 여성노동자들은 외모를 통해 소비자의 구매욕을 자극하는 '샘플'로서 백화점에 '전시'되는 것이다. 이들은 판매로 연결되기 위해 매뉴얼화한 복장을 하고 있어야 한다. 매장의 특성에 따라 구두 굽의 높이가 달라지거나 바지를 입을 때도 있지만, '매장에서 미는 옷'을 입고, '매장에서 미는 상품'을 판매하기 위해 준비된 차림새를 하고 있어야 한다. 유니폼은 브랜드에서 지급되는 경우도 있지만, 매니저가 직접 사서 직원들에게 주거나 직원들이 자기 돈으로 사야 하는 경우도 많다. 일을 하기 위해 신제품을 끊임없이 구입해야 하는 상황에 놓이므로 노동자들의 부담은 클 수밖에 없다.

> 브랜드마다 유니폼이 다 있어요. 브랜드 이미지를 더 잘 표현한다면서 유니폼에 더해 유니화를 정해 주는 곳도 있어요. 어떤 브랜드에서는 유니화를 10센티미터 되는 높은 힐을 줘서 언니들이 많이 힘들어했어요. 그 브랜드를 표현할 수 있는 게 유니폼, 유니화이기 때문에 반드시 입어야 하죠. 스타킹 색깔도 다 정해 줘요. 메이크업도 브랜드에

서 매뉴얼이 나와요. 직원이 그 화장품에 맞는 화장을 하고 있어야 고 객들이 보고 "언니, 화장 예쁘네. 어떤 거 사용했어요?" 하면서 판매로 연결되기 때문에 매니저들이 다 관리를 해요. :: 윤강희, 면세점 화장품 매장

다른 매장에서 일하는 친구는 유니폼까지 사야 한다고 하더라구요. 대개 몸태 좋은 사람들이 많이 일하는데 고객이 일하는 분들 입은 거 보고 예뻐서 사는 경우가 있어요. 회사에서는 생색내며 할인만 해준 대요. 그런데 또 며칠 이상 그 옷을 입으면 안 된대요. 신제품이 회전 률이 빠르잖아요. 그러면 직원이 다른 신제품 사야 하죠. 오래 입고 싶 어도 바뀌니까 새로 살 수밖에 없고, 제품도 꼭 매장에서 미는 옷을 사 서 입어야 한다고 해요. :: 한아름, 백화점 잡화 매장

복장은 매장의 브랜드 옷을 입고 있어요. 백화점 측에서 그렇게 하라 고 지시를 해요. 캐주얼 층이다 보니까 브랜드에 맞게 옷을 입죠. 저희 옷은 매니저가 부담을 하고 옷을 사주는 것이에요. 몇 프로 할인이 되 고 나머지는 본인이 부담해야 돼요. :: 이은영, 백화점 의류 매장

일할 때 신을 직원 신발을 팔아요. 식당 쪽에 가면 작은 슈퍼가 있어 요. 직원 신발은 샌들 같은 것인데 뒤에 끈이 있는 거예요. 2만 5천 원 인데 자기 돈 주고 사야 돼요. 모든 것은 본인 부담이에요. 매장의 파 트리더, 서비스라인이 나오셔서 모두 점검을 해요. 옷, 신발, 자세. :: 박정아, 백화점 잡화 매장

백화점에서 그녀들은 "어서 오십시오, 고객님. ○○○입니다"라고 인사를 한다. 그녀들은 자신들이 판매하고 있는 상품 브랜드의 이름으로 자신을 소개하고 있다. 그 속에서 그녀들은 브랜드 이미지를 체화한 존재가 되며 자신의 외모를 통해 판매를 증진시킨다는 목적으로 존재하게 된다. 그녀들은 규격화된 몸이 되기를 강요받고, 이러한 미적 노동을 통해 브랜드 이미지를 재현해 낼 것을 요구받는다. 이 과정에서 그녀들은 '상품화'되고, 소외를 겪는다.

처음에 입사해 들어가면 하루에 4시간 정도 교육을 받아요. 각 층별 정보를 습득하고, 복장은 어떻게 해야 되고, 고객응대 멘트를 어떻게 해야 하는지 교육을 받아요. 맞이 인사, 배웅 인사가 정해져 있어요. "어서 오십시오, 고객님" 아니면 "어서 오십시오" 하고 브랜드 이름을 대요. ∷ 박정아, 백화점 잡화 매장

워허스트는 기업이 자신의 이익을 위해 노동자를 동원하고 개발하며 상업화하는 것을 '미적 노동'aesthetic labor이라는 개념을 통해 분석했다.[40] 개인의 신체성과 감각을 중요시하는 미적 노동은 고용의 전 과정에서 생기며 채용 과정부터 채용 이후까지 일어난다. 미적 노동은 첫째, 채용 시 적절한 외양과 태도를 갖추었는지 여부를 보며, 표준 체형과 외적 상태를 기본 전제로 한다. 둘째, 채용한 후 기업은 복장과 외모 관련 규정을 노동자에게 인지시키고 실천하게 한다. 셋째, 일상적인 규제와 관리 속에서 규범을 강제한다. 이 과정을 통해 여성노동

자는 기업의 미적 요구에 들어맞는 재현물이 된다. 넷째, 이러한 규정을 받아들이고 일하면서 노동자들은 외양뿐 아니라 내적으로도 변해 간다. 기업과 조직의 미적 규범에 따라 노동자들의 몸은 정의되고 탈바꿈해 가는 것이다.[41] 이러한 외모 통제를 통해 그녀들은 백화점 판매원으로 탄생한다.

백화점에는
첫째, 둘째, 막내가 있다?!!

백화점 판매직 노동자들은 매장 안에서 매니저(첫째)와 둘째, 셋째, 막내 등의 칭호를 쓰면서 위계 서열화되어 있다.

　김종진의 연구에 따르면, 비공식적 위계 구조와 승진 사다리는 작업장 내 서열과 노동 분업의 기준이 된다. 매장의 크기가 크고 인원 수가 많은 경우 위계 서열이 확실하지만, 그 반대로 둘째 한 명이 근무하면서 매장의 업무를 도맡는 매장도 있다. 의류 매장 같은 경우, 개인사업자로 등록해 입점한 매니저도 많은데, 이 경우 직원은 매니저에게 고용된다.

매니저

최고는 매니저 직책이에요. 막내부터 매니저까지 한 8년, 10년 걸려요. 어떤 회사는 매니저 시험도 봐요. 매니저는 한 번 일을 쉬면 다시 쉽게 일하기가 어렵지요. 일단 매니저 자리가 없고 다른 매니저 밑에서 일하는 건 불편하고…… 백화점에서 매니저를 로테이션시키는 경우가 있어요. 고객한테 클레임이 크게 걸렸거나 모니터 점수가 안 좋았을 때, 매출이 안 좋았을 때, 다른 매니저를 두면 분위기 전환이 된다며 영업 실적에 따라서 매니저를 움직이게 하는 일도 있어요. 고객을 잘 꼬셔야 하는데 못 꼬셨다고 매니저에게 책임을 무는 거예요. :: 김희진, 백화점 화장품 매장

정직원은 본사가 협의해 줘야 정직원이 될 수 있어요. 오래 일하고 정직원이 되고 싶다고 해서 될 수 있는 건 아니에요. 정직원 되기 엄청 힘들어요. 거의 매니저나 둘째가 정직원이에요. 그 밑에 셋째까지 오래 일한 사람을 정직원으로 써 주는 경우가 있긴 있어요. "매니저님, 정직원 하고 싶은데 본사에 말해 주실 수 있으세요?"라고 물어서 본사와 협의가 되면 정직원으로 써 주는 거예요. 매장이나 직원을 관리하는 분이 매니저님밖에 안 계시잖아요. 제일 가까이서 보시는 분이니까. 매니저는 현장 매장에서 스텝으로 있다가 승진하는 경우죠. :: 박정아, 백화점 잡화 매장

백화점에서 승진이라고 할 건 없는 것 같아요. 판매 직원으로 오래 일하다가 매니저를 하려면 우선 어느 매장에 자리가 나야 하고, 본인이 자원을 해야 해요. 승진 시험을 따로 친다고 하더라구요. 그리고 직원들한테 부당하게 상품을 공짜로 요구하는 사람들이 승진을 해서 직원들에게 요구

를 더 하는 부분은 어떻게 좀 하면 좋겠어요. 승진의 경로는 본인의 능력에 따라 하는 건데, 줄을 잘 서면 라인 따라 잘 된다는 경우도 있다고 하더라고요. :: 이은영, 백화점 의류 매장

간접고용 속에서 매니저는 입점협력업체 본사의 정직원일 수도, 개인사업자로 특수고용된 이일 수도 있다. 매니저는 직원 관리와 인사 관리의 역할을 맡는다. 매니저는 일상 업무와 휴일, 휴가 등의 배치뿐 아니라 신규 사원 추천, 직원 평가의 권한이 있다. 10년 정도의 근무 경력이 있는 매니저는 직책수당(10~20만 원)을 받기도 한다. 화장품 판매사원의 경우 지시와 평가는 본사 사업부 직원인 관리직 대리와 과장이 결정한다. 그들은 매장 감독과 영업, 판매사원 인사 결정에 영향력을 행사하지만, 일상적인 지시 감독은 매니저가 한다. 그래서 계약직이나 아르바이트 노동자가 본사의 정직원이 되기를 원할 경우, 어떤 상황의 매장에 입사해 매니저와 관계를 맺어 가는지가 중요하게 여겨진다. 매니저로서의 승진은 경력을 쌓아 본사의 인정을 받고 시험도 치는 등 여러 공식적·비공식적 영향력이 함께 작동해 이루어진다. 그러나 영업 실적에 대한 책임을 매니저에게 물어 로테이션시키는 경우도 있으므로 노동자로서 매니저의 위치가 완전히 안정적인 것은 아니다.

둘째(부매니저)

부매니저는 매니저를 도와 직원을 관리하고 매출 업무를 체크한다. 화장품 매장을 예로 들면, 부매니저(둘째)는 약 5~6년 정도의 경력 사원인데, 상품 판매, 상품 발주, 수습 교육 및 제품 교육, 작업 할당, 디스플레이 등 업무를 전반적으로 한다. 경력직이므로 '둘째'의 자리가 비게 될 경우 막내가 승진하는 대신 경력이 되는 다른 둘째가 오기도 한다. 둘째는 막내가 하는 일과 매니저가 하는 일을 아우르며 전반적으로 관여하지만 매니저와 같은 직원 평가의 권한은 없다.

"매니저는 10년 이상은 해야 할 수 있구요. 부매니저에서 매니저로 되려고 해도 매니저 자리가 나야 할 수 있는데 부매니저로 오랫동안 일하는 사람도 되게 많아요"(최지은, 백화점 화장품 매장). 매니저가 될 수 있는 경력도 있고 자리도 있지만, 스스로 망설이는 사례도 있었다. 매니저는 매출 액수에 대한 책임을 지고 해고 당하거나 전환 배치되는 경우가 있는데, 부매니저는 상대적으로 '안전할 것'이라는 생각 때문이다.

부매니저가 차지하는 지위는 매장에 따라 달라진다. 경력이 길어야 부매니저가 되는 것이지만, 소규모 매장의 경우 경력이 길지 않은 직원이 부매니저 업무를 담당할 수도 있다.

매니저가 있고 그 밑에 '둘째'라고 해서 직원들 관리와 매출 체크하는데, 둘째분께서 일을 많이 해요. 대개 두 명에서 세

명이 일해요. 엄청 큰 매장도 세 명이면 족하고, 교대까지 한
다면 네 명. 작은 곳은 두 명 정도. 둘째가 잘하면 매니저가
편하죠. 그다음이 셋째인데, 막내라고 한 명 더 두는 곳도 있
고, 안 두는 곳도 있어요. 셋째는 박스도 옮기고 다 해야 하
죠. 우리끼리는 "둘째야, 셋째야"라고 불러요. 서열과 위계가
명확해요. 딱딱 분리되어 있어요. 틀이 잡혀 있어야 일하기
편하지 그렇지 않으면 일이 돌아가기 힘들어요.

:: 박정아, 백화점 잡화 매장

요새는 직영 매장이 거의 없어요. 의류 매장도 직영이 없어
요. 매니저가 개인사업자 자격으로 보증금이랑 옷값을 다 지
불하고 매장을 차리는 거예요. 2천만 원이든 3천만 원이든
옷값이 포함된 보증금을 지불하고서요. 그 매니저가 사장이
에요. 돈이 있다고 다 할 수 있는 건 아니고, 매니저들도 나처
럼 직원 시절을 다 견뎌 오고 나서, 다른 매니저가 매니저로
추천하는 거예요. 어떤 매니저 밑으로 들어가느냐에 따라,
이 사람이 빨리 커서 매니저가 될 수도 있고, 평생 둘째로 살
수도 있어요. :: 주은아, 백화점 의류 매장

막내

'막내'는 청소와 매장 관리를 하고 전화 연락을 하며, 상품 보충과
고객 상담, 계산, 타사 매장 현황 체크 등을 한다. 매니저처럼 직원

평가나 교육, 제품 교육 등의 권한은 없으며 육체노동과 관련한 일도 많이 한다. 인터뷰에서 드러나듯, 막내는 위계상 아래에 있어 경쟁적인 브랜드 매장 사이에서 그 존재를 의도적으로 무시당하는 경험도 겪는다. 창고와 매장을 오가고, 일상적인 지적을 받아 긴장을 하며 손님을 응대하다가 '눈이 풀릴 정도로' 지칠 때가 있다고 했다. 일을 배우는 과정 속에 있기 때문에 위계 질서 속에서 큰 스트레스를 받을 수 있고 오래 하게 되면 불만이 누적될 수밖에 없다. 매출에 대한 압박 속에서 '막내'는 감정이 더 억압되는 상황에 놓이곤 한다.

막내는 창고뿐만 아니라 매장에서 가만히 있는 것도 안 돼요. 어떤 작은 일이라도 찾아서 해야 하니까 열 몇 시간 매장에 있는 동안 사람이 너무 지치는 거예요. 같이 일하면 좋은데, 작은 걸로도 많이 혼나고. 그렇게 10시간 정도 매일 있으면 지치잖아요. 지친 상태에서 응대를 하다 보니까 눈도 풀리고 클레임이 걸리고 스트레스가 계속 쌓이고 그만두고 싶다는 생각만 계속 들어서 퇴직률도 높은 것 같아요. 다른 매장 직원들과 말을 트고 얘기하는 사이는 아니고 오히려 서로 무시가 굉장히 심해요. 매니저, 둘째가 아닌 이상 인사를 해도 안 받아 주고, 그런 게 너무 많고. 같은 매장 사람들하고 관계가 제일 힘든 것 같아요. 화장품 쪽은 특히 여자 군대같이 위계 질서도 있고, 고객한테 컴플레인 걸리면 그 상황도

힘들지만 고객이 가고 나면 매장 안에서 그후가 더 힘들어
요. 때리지는 않지만 아래에 있는 직원에게 거의 때리는 수
준으로 별의별 욕을 하고. :: 김지혜, 백화점 화장품 매장

직원들이 정체되어 있는 매장의 경우, 막내는 계속 막내만
하잖아요. 막내도 위로 올라가야 하니까 인사 이동할 때도
있고, 경력 있는 사람을 다른 곳으로 보내고 새로운 막내를
넣어 주기도 해요. 매장마다 다른 게 어떤 사람은 3개월마다
밑에 후배 들어오는 사람도 있는데, 어떤 곳은 막내를 3년 하
는 사람도 있어요. 그렇게 막내 오래 하면 불만도 생기죠. 가
고 싶다고 다른 곳으로 다 옮겨 주는 건 아니고 본사에서 관
리를 해요. 사람 없는 매장에 넣어 주고. 가끔 사이가 심하게
안 좋은 매장이 있으면 서로 일 같이 못하겠다고 먼저 다른
데 가려고 신청하는 곳도 있고. 근데 보통 대부분 잘 안 바꿔
줘요. :: 최지은, 백화점 화장품 매장

'매니저', '둘째', '셋째'……. 겉보기에 가족적인 유대 관계를
강조하는 듯한 이러한 호칭은 실상 매장 안의 위계 서열을 나누
고, 그에 따라 업무를 분담하기 위한 것이다. 본사와 떨어진 백화
점이라는 공간 안에서, 노동자들은 일상적인 지시, 결정, 관리 등
업무 과정을 효율화하기 위해 나름의 방법을 모색하고 있다. 그러
나 위계화된 노동 관계는 업무의 고통을 곁에 있는 다른 노동자

에게 전가하거나, '스트레스를 풀거나', '탓을 하는' 구도를 만들기도 한다. 고용 조건상으로는 모두 열악한 간접고용 상태임에도, 일상적인 업무 지시가 노동자들 간의 위계에 따라 내려오기에, 서로 연대하고 보호하는 관계로 나아가기가 힘들다. 오히려 백화점과 본사에서 유도한 매출 경쟁으로 인해, 서로 경쟁해야 하는 관계에 놓이기 쉽다.

★ 참고문헌 : 김종진, 『서비스노동자는 어떻게 일하는가』, 한국노동사회연구소, 2011.

2부

백화점
서비스의
이면

친절이 몸에 밸 때까지
교육, 또 교육

백화점 판매직 노동자들은 고객만족Customer Satisfaction 교육(일명 'CS 교육')을 의무적으로 받아야 한다. CS 교육은 백화점과 입점협력업체에서 모두 정기적으로 진행된다. 노동자들은 상품의 종류와 특징, 고객 응대 방법을 학습하고, 이에 대한 전문성을 갖춰 판매할 것을 요구받는다.

본사에서 베이직 교육이라고 해서 브랜드에 대한 기본 지식, 고객 응대에 대한 서비스 내용을 알려 줘요. 파견이 되면 되도록 빠른 시일 안에 본사에서 베이직 교육을 받죠. 브랜드가 오픈을 하게 되면 먼저 직원들을 교육시켜요. 중간에 누가 그만두면 매장 인력이 급하기 때문에 먼저 투입을 시켜 놓고 교육해요. 보통 두 달 텀? 교육이 은근 많아요. 판매 스킬 교육, 서비스 교육 이런 것도 있지만, 분기별, 시즌별로 브랜드의 신상품에 대한 교육을 받아야 해요. :: 윤강희, 면세점 화장품 매장 백화점에서는 무조건 교육을 받아야 일을 할 수 있거든요. 단기 교육 하루 받고, 시험을 봐요. CS 같은 것을 종일 교육해요. 되게 지루한 교육인데 말 그대로 '무조건 친절', 그런 식이에요. 고객한테 세 가지 용어를 하면 안 돼요. "안 돼요. 몰라요. 없어요." 그런 교육을 받고 나서 3개월 안에 장기 교육을 받아야 돼요. :: 주은아, 백화점 의류 매장

매뉴얼은 판매직 여성노동자의 서비스 수행을 위해 제시되는 행동 방침이다. 매뉴얼대로 하라는 것은, 판매를 위해 의도적으로 연출된 행동을 습득하고, 완전히 몸에 익게 숙지하라는 것이다. 모든 행동은 분절화되고 판매 증진이라는 목표를 지향한다.

조회 때 무조건 CS 교육해요. 손님이 들어올 때 "안녕하세요?"라고 마중 인사를 안 한다, 예컨대 직원이 '핸드폰질' 하고 컴퓨터 보느라 인사를 안 한다는 등 그런 얘기를 엄청 해요. '니즈 파악'이 안 된다고 막 야단치는 경우도 있어요. CS 교육에 니즈 파악 틀이 있는데, 니즈에 대해 세 가지 이상 꼭 물어 봐야 되고 두 가지 이상 옷을 권해야 해요. :: 주은아, 백화점 의류 매장

뿐만 아니라 백화점과 입점협력업체 본사에서는 철저히 서비스 교육을 하고 수행을 점검하며 재교육을 한다. 서비스 점검 교육을 받는 것은 판매직 여성노동자에게는 상당한 부담이 된다. 외부 강사의 교육을 종일 듣는가 하면, '수능을 보듯 빡세게' 몇 차례에 걸친 시험

을 보고 전문 연기자 앞에서 상황별 대처를 보이기도 한다. 전화 응대 교육을 따로 받기도 한다. 이러한 정기 교육은 매장 판매 일에 부수적으로 더해지는 것이므로 업무에 부담을 준다. 교육 내용에는 한 사람씩 직원과 고객으로 역할을 나누어 상황극을 해보는 '롤플레이'(role play, 일명 RP)가 포함되어 있다. 평가하는 사람 앞에서 빠지는 부분 없이 연기를 해야 하므로 판매직 여성노동자들은 상당한 스트레스와 부담을 받는다. 연기가 끝나면 잘한 것과 못한 것에 대한 피드백을 바로 받는다. 실제 매장에서 판매를 잘하던 사람도 인위적인 환경에서 진행하는 롤플레이에서는 점수를 낮게 받는 경우가 있다. 남 앞에서 연기를 해야 한다는 것이 낯설어 어색해하기 때문이다. 이처럼 실전과 교육 간에는 괴리가 있지만, 점수는 판매원의 업무 역량을 가늠하는 척도가 된다. 매장 노동자들이 받는 서비스 점수는 백화점 관리자들의 업무 평가에 반영되기도 한다.

처음 백화점에 들어갈 때 하루 날 잡아서 단기교육을 받고 3개월 정도 근무한 다음에 하루 정도 교육을 받아요. 그런데 본사에서 시키는 게 되게 많아요. 처음에 들어가면 4박 5일간 합숙 교육 연수를 받거든요. 요즘엔 4박 5일을 두 번 간다고 하더라구요. 또 신제품이나 서비스 교육 받으러 한 달에 한 번씩 무조건 본사에 교육 들으러 가요. 가끔 하면 괜찮은데 최근에는 서비스 교육을 되게 자주 해요. 심한 매장은 아침마다 매일 하는 곳도 있어요. :: 최지은, 백화점 화장품 매장

친절 교육은 수도 없이 받죠. 매니저도 직원도 서비스 교육이라는 것을 수시로 받고 점수 미달이 되면 또 교육을 받게 돼요. 그런 거 안 하고 장사만 하라고 하면 좋겠어요. 1년에 여섯 번 정도 받는 것 같아요. 교육을 받으면 하루 날 잡고 6~7시간은 받아요. 휴가로 안 빼 주면서 교육은 교육대로 다 해요. :: 이은영, 백화점 의류 매장

회사에서 필수적으로 보는 시험이 있어요. 세 단계로 된 '서비스 관리 교육 수료'라는 게 있는데, 예전에는 선택이었지만 요즘은 다 필수가 되어 버려서 꼭 따야 해요. 1단계는 필기, 2단계는 RP인데 준비하는 게 어려워요. 시험도 혼자 이야기해야 하는 거고, 가짓수는 30가지가 있는데, 30가지 다 상황이 다르니까 어떻게 대처할 건지 준비에 신경을 많이 써야 해요. 3단계는 필기와 실기까지 해서 합숙 교육하는 곳에 가서 제대로 된 매장처럼 세팅해 놓고 시험 봐요. 심사위원이 앉아 있고 전문 연기자도 있어요. 머리론 알고 있는데 실제로 하려면 질문도 꼬아 놓고 상황이 달라지니까 힘들죠. 무슨 수능 보듯이 1시간 30분 동안 100문제를 풀어야 해요. 진짜 시험이 빡세요.
:: 최지은, 백화점 화장품 매장

전화 친절 교육도 1년에 두 번 받아요. 매뉴얼을 나눠 줘요. ≪전화가 오면 전화벨이 세 번 울리기 전에 받는다. 세 번 넘으면 "늦게 받아서 죄송합니다" 하고 받는다. 솔 톤으로 말한다.≫ 요즘은 또 솔 톤으로 하지 말고 다르게 하래요. 백화점에 관리자가 있잖아요. 그런 게 다 관

리자들의 평가가 되는데요, 저희가 못하면 본인들이 관리를 못한 게 되기 때문에, 모니터링 기간을 알려 주고 그 기간에 특별히 신경 쓰라고 얘기해요. 점수가 낮으면 다시 교육받아요. :: 김희진, 백화점 화장품 매장

백화점과 입점협력업체에서 모니터 요원이 나와 수시로 점검을 하니 일상에서 긴장은 더욱 커진다. 판매직 노동자는 '지켜보는 눈이 많고' '걸리면 안 된다'는 마음으로 종일 일한다. 매뉴얼은 참조용인 것이 아니라, 빡빡한 행동 지침이 된다. 매뉴얼에서 정하고 있는 응대에서 한마디라도 다르게 말한다면 틀린 것이 되는 사례도 있다. 이처럼 숱한 재교육과 점검 속에서 매일매일의 서비스 판매 노동이 이루어지고 있는 것이다.

아침마다 매일 점검이 나오죠. 컴플레인 거는 손님이 있으면 위에서 더 압력을 줄 때가 있어요. 그날은 막 뭐라고 하는 거죠. 그런 날은 보는 눈이 많으니까 직원들은 신경을 쓰고 긴장을 해요. '나 이제 더 걸리면 안 되는데' 하는 그런 조마조마함이 있죠. :: 박정아, 백화점 잡화 매장

CS 교육은 백화점 서비스 노동의 기본적인 방침을 습득하는 것에서 나아가 각 기업의 판매 전략을 습득하는 과정이기도 하다. 교육 과정은 노동자가 자기 행동이 매뉴얼에서 어긋나지 않게, 최대한의 친절을 스스로 자아낼 수 있게 매뉴얼을 내면화하는 과정이다. 서비스는 반복적으로 파트리더와 서비스라인에 의해 점검되고 백화점 측

의 담당자에 의해 통제된다. 매장 일과 별도로 이루어지는 교육은 업무시간 외에 이루어지기에 백화점 판매직 노동자들에게 부담이 되며, 교육 내용이 실제 판매 상황과 맞지 않을 때도 있다.

CS 평가는 단순한 직무 교육의 수준을 넘어, 낮은 점수를 받을 경우 실제 불이익으로 이어지기에, 노동자들에게 일상적인 긴장과 스트레스로 작용한다. CS 평가의 결과로 따라오는 상벌 체계는 노동자들을 경쟁시키고 분리시킨다. 그들은 경쟁 속에 개별화되는 것이다.

백화점마다 쓰리아웃 제도가 있는데 세 번 걸리면 전보 명령을 받거나 백화점을 나가기도 해요. 반면 우수 사원으로 뽑히면 성과가 엄청난데 순금 열 돈을 주기도 하고 해외에 보내기도 해요. CS에 목숨을 걸었어요. 백화점 각 지점마다 경쟁을 시킵니다. 어느 지점에서 매출을 올리고 CS 평가가 잘 나오는지 보는 거죠. 매출이 떨어지면 CS가 잘 나와야 해요. 둘 다 안 좋으면 점장이 교체되니 그 정도로 중요해요. :: 문수연, 백화점 식품 매장

우리에게 CS 평가의 중요성에 대해 생생히 전해 주었던 그녀는 이러한 교육이 가지고 있는 허점에 대해서도 잘 알고 있었다.

백화점은 하향 사업이에요. 그동안 다양한 유통 경로가 생기다 보니까 백화점에서 물건을 사려는 사람이 줄어요. 돈 있어서 대우받고 싶어 하는 사람, 상품을 직접 고르고 싶어 하는 사람, 과시하고 싶어 하

는 사람이 오니까 다른 데보다 특별함이 있어야 하고, 그것을 서비스로 요구하는 거예요. 저희는 어떻게 해야 고객에게 칭찬받는 사람이 될 수 있을까를 생각하며 매뉴얼대로 움직여야 하는 것이죠. 매뉴얼이 옷처럼 되어 그것대로 움직이게 되는 것이에요. 로봇이 되는 거예요. :: 문수연, 백화점 식품 매장

CS 교육은 필수적인 것이고, 백화점 판매직 노동자는 묵묵히 그것에 따라야 일을 계속할 수 있다. '잘리는 것이 너무 쉬운' 백화점에서 서비스 평가 점수가 낮다는 것은 해고로 이어지거나, 점장이 교체될 만큼 중요한 사안이다. 기업은 판매직 노동자에게 '어떻게 고객에게 칭찬받는 사람이 될까'에 기준을 둔 매뉴얼대로 움직이라고 요구한다. 이것은 경기 불황으로 판매의 한계에 부딪힌 유통 대기업이 판매직 노동자에게 책임을 전가하며 최대한의 서비스 노동을 수행하라고 다그치는 제도화된 방식이다. 사회 구조적인 문제를 개인의 문제로 돌리는 방식인 것이다. 게다가 개인에 대한 상벌 체계를 만들어 '순금 열 돈'과 '해고' 사이에서 노동자들이 스스로 경쟁해서 서비스 노동을 수행하게 한다. 하지만 매뉴얼대로 '로봇이 되어 움직이는' 것만은 아니다. 노동자들은 현실의 딜레마들 속에서 이러한 시스템에 대한 의심을 품지만, 정작 사회와 자본은 근본적인 문제는 회피한 채, 끝없는 친절을 동력으로 한 무한한 이윤 추구를 멈추지 않고 있다.

" 처음 고객이 들어와 인사하는 것부터, 결제하고 나가는 순간까지 매뉴얼이 있어요. 처음에 고객이 오면 밝게 인사하고 먼저 착석 권유를 해요. 서 있는 것보다 앉아 있을 때 좀더 안정적이고 편안해서 구매로 이어지는 경우가 많거든요. 니즈 파악이라고 뭐가 필요한지, 선물할 건지 자신이 쓸 건지 물어보고, 어떤 기능을 원하는지 파악해야 하고, 회원으로 등록되어 있는지 아닌지 파악해야 해요. 저희는 티 서비스도 있는데 꼭 해야 하고요. 고객님이 쓰실 건지, 고민이 뭔지, 피부 타입 파악 등 다섯 가지 이상 질문으로 파악하고, 거기에 맞게 추천을 해주면서 한 개라도 더 팔아야 해요. 테스트도 동작이 있어요. 손을 잡고 문지르고 감싸서 마지막에 한 번 크게 훑는 것까지. 아이 컨택(눈맞춤)하는 거랑, 제품 소개하는 거랑, 바닥에 상품을 두지 말고 손에 받쳐서 소개하라고 제스처까지 하나하나 다 보거든요. 화장품 성분이라든지 효과라든지 알아듣기 쉽게 설명하면서 신경 쓸 게 진짜 많아요. 화법도 신경을 써야 해요. 비유 화법이 있는데, 내가 이 성분을 잘 알아도 고객들이 못 알아들으면 안 되니까 쉽게 잘 풀어 나가게 비유를 많이 쓰게 해요. 이 사람이 제품을 선택하면 그걸로 끝날 게 아니라 연결 판매를 해야 해요. "이거랑 다른 거랑 같이 쓰면 효과가 배가된다." 한 사람에게 한 가지 제품만 파는 게 아니라 두 개 이상을 사게끔 신경 써야 돼요. 제품마다 라인이 있잖아요. 기본 라인이 있고 고가 라인이 있는데 기본을 택했으면 고가로 업그레이드시키는 판매도 신경 써야 해요. 판매가 끝났으면 샘플 챙겨

주면서 샘플의 사용 순서와 사용 방법도 일일이 다 알려 드려야 하고. 매뉴얼 가짓수가 정말 많아요. 저희는 순서에 따라 스티커 붙여 주는 게 있거든요. 상품권 행사 기간이라면 행사 기간 안내도 추가로 하고. 결제도 할부로 할 거냐, 일시불로 할 거냐 묻고. 영수증 뽑고 확인까지. 끝나면 배웅 인사까지. 쇼핑백도 테이블 너머로 주는 게 아니라 고객 있는 건너편까지 걸어가서 앞으로 다가가서 배웅을 해야 해요. 배웅 인사도 두 문장 이상 해야 하니까 이런 것도 다 신경 써야 해요. 익숙해지기 전까지는 되게 힘들죠.

:: 최지은, 백화점 화장품 매장

감정노동 이야기

✦ 감정의 착취 ✦

미국의 사회학자 앨리 러셀 혹실드는 '감정노동'이라는 새로운 개념을 처음으로 고안해 냈는데, 그 특성으로 다음의 세 가지를 들었다. 첫째, 이런 직업은 사람들과 직접 얼굴을 보거나 일대일로 통화를 해야 한다. 둘째, 이런 직업에서 일하는 노동자들은 다른 사람의 감정 상태를 만들어 내야 한다. 셋째, 이런 직업에서는 연수와 감시를 통해 고용주가 직원들의 감정적 활동에 관해 통제력을 행사한다. 즉, '감정노동'은 회사나 상관이 관리하는 방식 속에서 다른 사람의 감정 상태를 만들어 내는 일을 지칭한다. 이 개념이 주창될 당시 미국 전체 노동자의 3분의 1 이상이 감정노동을 포함하는 직업을 가지고 있었고, 그렇기에 사회적으로 새로운 차원의 노동을 설명할 필요가 있었다. 이것은 노동이라는 이름으로 인정받지 못하고 고용주들이 업무상 스트레스의 원인으로 고려한 적 없는 노동이었다.[1] 한편 한국의 경우, 감정노동자는 800만 명으로 추산된다. 전체 노동인구의 30~40%가 감정노동을 수행하고 있는 것이다.

서비스 노동은 노동 과정이 세분화되고, 지속적인 재교육과 숙련이 필요한 직업임에도, 누구나 할 수 있으면서 비용이 들지 않는 일로 여겨진다. 이러한 인식은 감정노동자들에 대한 처우와 보상을 낮게 하는 등 노동 조건을 악화시키는 데 일조하고 있다. 산업 형태 변화로 인해 감정노동은 점차 확대되어 가는 경향을 보이는데, 노동자들의 감정적 소외와 정신적 스트레스 등의 문제에 우리 사회가 보이고 있는 관심은 많이 부족한 실정이다.[2]

감정을 통제하는 것은 이들 노동의 핵심적인 부분이 된다. 우리는 인터뷰를 하면서 내내 웃지 않았던 한 백화점 여성노동자의 얼굴을 기억한다. 웃는 행위가 노동 그 자체였던 그녀는 인터뷰 자리에서 한 번도 웃지 않았다. 고객에게서 겪은 수모를 이야기할 때 그녀는 앞에 있던 테이블을 낮게 쳤는데 우리의 귀에는 그 소리가 크게 들렸다. 그녀가 일터에서 한 번도 내어 보지 못한 마음의 소리이기 때문이었다. 2015년 서울노동권익센터가 유통업 종사 노동자를 대상으로 한 조사 결과, 국내 유통업 종사자의 절반 가량이 감정노동 위험군에 속한다는 결과가 나왔다. 여성노동자는 위험군에 속하는 비율이 더 높았다.[3]

마트 비정규직 여성노동자들의 투쟁을 다룬 영화 「카트」(부지영 감독, 2014)에는 고객이 노동자에게 '무릎을 꿇고 사과하라'고 강요하는 장면이 나온다. 이것은 백화점 여성노동자들에게도 빈번하게 일어나는 일이다. 반대로 고객의 과실은 책임을 묻지 않거나 가볍게 넘어

간다. 그들은 매출을 올려 주는 존재이기 때문이다. 고객들의 무리한 요구와 모욕은 노동자들 개인이 감내해야 한다.

최근에 있었던 일인데 고객이 매장에서 내 얼굴에 침을 뱉고, 뺨도 때리고, 그래서 무릎 꿇고 사과도 했어요. 고객이 요구하는 것을 들어주지 않았을 때, 내가 실수를 했을 때, 고객들은 그러는 거예요. 세일 기간이 아닌데 "왜 세일가로 못 사 가냐" 우기는 사람도 있어요. 세일가로 해주면 우리한테 이익이 남지 않는데, 매출을 올리려고 세일을 해주기도 해요. 이렇게 억지로 하는 경우도 있는데 걸리면 작살나니까 자주 하지는 않아요. 부당해도 본인이 무조건 참아야 하고, 회사에서는 책임을 안 져요. 그러니까 느는 것은 욕과 술이죠. 사람 상대하는 일이 제일 힘들어요. 스트레스 엄청 받아요. :: 문수연, 백화점 식품 매장

무릎 꿇으라는 거예요. 집으로 와서 사과하라면서 난리도 아니었어요. 근데 그 사람이 백화점에 자주 오는 사람이라, 어떻게 컴플레인을 거는지 익숙한 거예요. 사소한 거 하나까지 컴플레인 걸려서 문제가 됐고, 매니저가 가서 "죄송하다, 이런 식으로 해주겠다"라고 했더니 이 사람이 만족을 못 하는 거예요. "니가 애들을 잘못 가르쳤으니 무릎 꿇어!"라고 했어요. 매니저가 "고객님, 제가 무릎 꿇어야 될 이유가 없습니다. 잘못된 부분에 대해서는 앞으로 시정을 할 겁니다"라고 하면서 이렇게 마무리가 안 된 상태에서 끝났잖아요? 다음에 또 컴플레인을 걸어요. "너, 내가 왔는데 내 얼굴 알고 있으면서 왜 버선발로 안

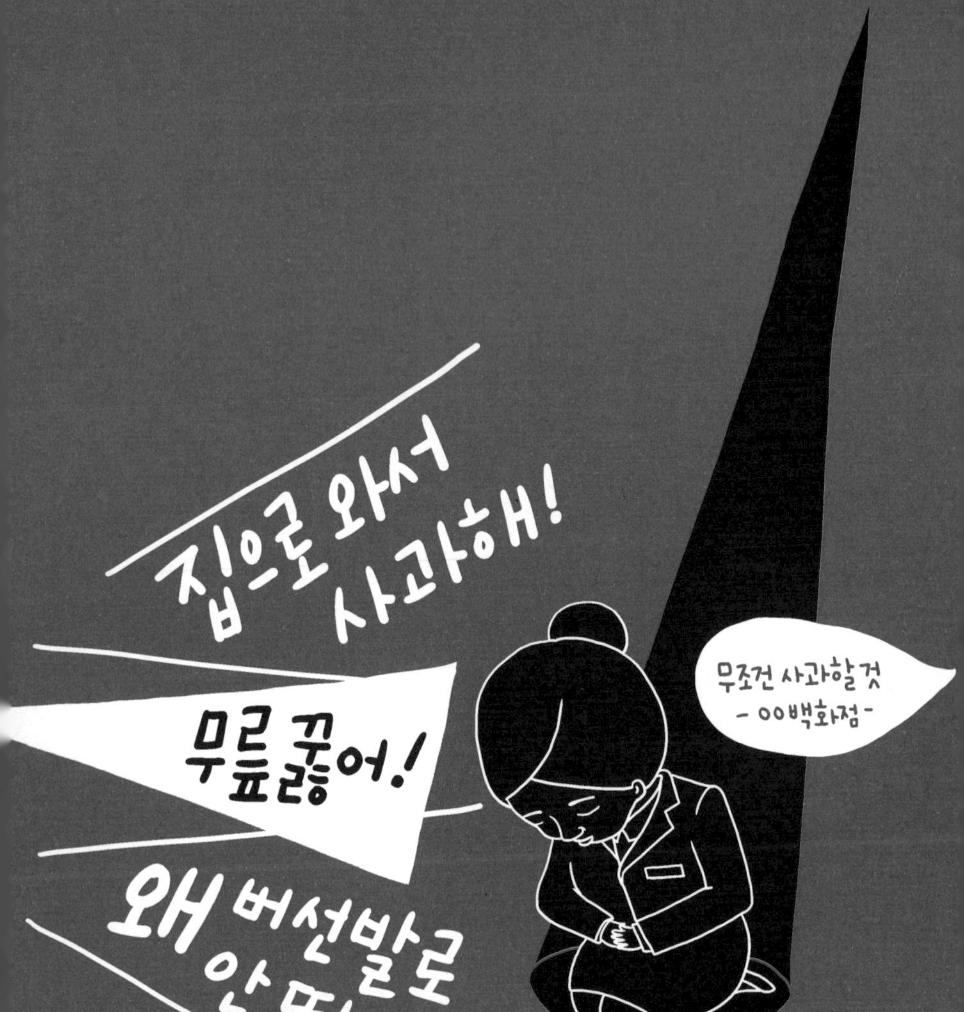

집으로 와서 사과해!
무릎 꿇어!
왜 버선발로 안 뛰어나와?!
무조건 사과할 것
- OO백화점 -

뛰어나와?" 근데 백화점에서 그런 사람을 제지를 못 해요. 매출을 내주니까. :: 정혜란, 백화점 화장품 매장

노동자들에게 무릎 꿇고 사과하게 하고, 폭언을 퍼붓고, 폭행을 휘두르는 백화점 고객들의 '갑질'에 대한 보도가 끊이질 않고 있다. 2015년 10월에도 직원 두 명이 바닥에 무릎을 꿇고 고객에게 사과하는 동영상이 인터넷에 공개돼 사회적으로 논란이 되었다. 전말은 이렇다. 고객이 몇 년 전 다른 매장에서 산 귀금속의 무상 수리를 요구했는데, 백화점 노동자가 규정상 수리비의 일정 부분을 고객이 부담해야 한다는 답변을 한 것이다. 그 고객은 업체 본사에 항의해 무상 수리를 해주겠다는 약속을 받아냈으며, 이를 빌미로 노동자들을 무릎 꿇게 했다. 이 과정에서 백화점 쪽은 노동자를 전혀 옹호하지 않았다. 오히려 "고객의 항의를 빨리 끝내기 위해 직원들이 무릎을 꿇은 것이다"라고 했다.[4] 우리가 인터뷰를 진행하며 만났던 백화점 노동자들은 폭언, 폭행을 비롯하여 온갖 모욕적인 경험들을 증언했다. 이는 기사화된 몇몇 사건처럼 이례적인 일이 아니라, 일상에서 빈번하게 일어나고 있는 일이었던 것이다.

✦ 모든 것을 받아 줘야 하는 일 ✦

인터뷰 중에 한 백화점 여성노동자는 고객들의 터무니없는 우격다짐을 이야기할 때도 고객에 대해 존댓말을 썼다. 고객들은 옷을 집어던

지셨고, 소리를 지르셨고, 노려보셨고, 입었던 옷을 억지로 환불하셨고, 클레임을 거셨다. 고객들은 노동자의 처지를 악용하셨고, 한 번만 웃지 않아도 무시했다고 욕하셨고, 트집을 잡으려고 얼굴을 뚫어지게 보며 감시하셨다. 고객들은 감정을 가지고 있으시고, 노동자들에게는 감정이 없다고 여기시는 듯했다.

이에 대해 '안 된다'고 말할 수 없는 고충은 크다. 부당한 컴플레인에 대해 되물을 수는 있어도 거절할 수는 없도록 교육을 받는다. 인터뷰 중에 '고객이 내 얼굴에 침을 뱉었다'는 말을 덤덤히 하는 그녀의 목소리에는 강도 높은 감정노동을 통해 자신을 컨트롤 해온 시간이 담겨 있었다.

어떤 분은 정말 비닐장갑을 끼고, 자기 몸을 만지지도 못하게 했어요. 결벽증인 거죠. 기분 나빴던 건 방문 전에 메이크업을 하고 왔으면 파운데이션을 바를 때 화장의 일부를 지우고 해보라고 말씀드리는데, "다 싫다" 하면서 저보고 제 손등에 해보래요. 본인이 제 손등을 문질러 보다가 자기 손에 묻으니까, 휴지에 닦는 게 아니라 제 손에 슥슥 닦는 거예요. 닦으시라고 휴지를 드렸더니 매장으로 던지고 그냥 가셨어요. 이런 게 정말 자존심 상하고 기분 나쁜 거예요. 그만두고 싶은 마음은 굴뚝같은데 생활이 있다 보니까. :: 김희진, 백화점 화장품 매장

하루 평균 세 번 정도 그런 일이 생겨요. 사용한 화장품을 교환하러 오시거나 뭔가 트집을 잡아서 무리한 요구를 하는 고객이 꼭 있어요. 한

번은 고객이 화장품을 사 갔는데 1년이 지난 거예요. 가지고 오셔서 안 썼다고 바꿔 달라고 해요. 솔직히 사용하고 안 하고를 떠나서 기간이 너무 지났잖아요. 진짜 황당했어요. :: 윤강희, 면세점 화장품 매장

자기가 다 왕인 식으로 해요. 제가 해줘야 하는 일이 아닌데 해달라고 하는 거예요. 물을 떠 와라, 커피를 타 와라. 상품권 대신 타다 주기도 하고요. 상품권 타려면 맨 꼭대기로 올라가거나 맨 아래층으로 내려가야 하는데, 매장에 저 혼자 있어도 타 와야 하는 거예요. 자기가 VIP라면서, "내가 누군지 알아?" 하면서, 몇 년 지난 옷 가져와서 던지면서 다 환불해 놓으라고 하는 고객도 있었어요. 보안업체가 오면 뭐해요. 손 하나 까딱 못해요. 결국 매니저가 환불해 줬어요. 싸대기 맞고. 어쩔 수 없어요. 그걸 해줘야 끝이 나요. 백화점에서 안 되면 안 된다고 해야 하는데, 해줘라 하니까 문제인 거죠. :: 주은아, 백화점 의류 매장

고객이 자기 기분이 나쁘다는 이유로 우리한테 컴플레인을 걸 수 있어요. 왜 나한테 눈을 치켜뜨느냐는 둥, 자기 기분에 따라서 좋고 나쁘고가 되는 거죠. 나는 나쁘게 안 했는데 자기가 나쁘게 보는 거예요. 우리 매장 같은 경우에는 뜨거운 열처리 기구가 있는데, 고객이 상담실에 가서 우리 보고 그 뜨거운 것을 가지고 올라오라고 한 적이 있어요. 그건 말이 안 되는 거예요. 그걸 가지고 담당이 올라오라고 하는 것도 말이 안 되고요. 그 뜨거운 것을 들고 올라가다가 엎으면 어떻게 할 거예요. 자기네들이 우리를 위해서 조치를 취해 줄 것도 아니고요.

그런데 직원이 어쩔 수 없이 고객상담실까지 100℃, 150℃ 되는 엄청 뜨거운 기구를 들고 올라간 거죠. :: 정민혜, 백화점 잡화 매장

먹다 남은 음료수 컵을 버려 달라거나, 고객의 실수로 판매용 옷에 화장품이 묻어 정중하게 세탁비를 요구해도 도리어 항의 전화를 받게 되는 등 사례는 무궁무진하다.[5] 노동자들의 인터뷰를 통해 유추해 보건대, 고객들에게 노동자는 '버선발로 뛰어나와야 하는' 하인이고, 손에 묻은 화장품을 닦아도 되는 존재이며, 정해진 업무는 아니어도 물을 떠오는 시중을 해야 하며, 온갖 화들을 분출해도 되는 존재이다. 사회에서 통용되는 기본적인 규칙들, 인권 의식 등이 백화점 안에만 들어오면 다 무화되어 버린다. 이곳을 지배하는 법도는 오로지 '매출', 그리고 그 매출을 실현해 주는 고객의 만족이다. 이 둘은 무한하고, 온전히 만족시킬 수 없다는 점에서 공통적이다.

노동자들이 현장에서 경험하는 고충은 고객들의 무리한 요구와 모욕에서 그치지 않는다. 무조건적인 친절과 인내를 강요받는 상황에서 성희롱과 폭력의 위험에 노출되기도 한다.

정해진 유니폼으로 검정색 타이트한 바지와 짧은 유니폼 티를 입었어요. 그러다 보니 거의 남자 손님한테만 팔게 되는 거예요. 아저씨나 노총각들이 자기가 막 '오빠'라면서 집적대요. 남자 손님들이 괜히 스킨십을 할 때도 있어요. 한 번 부딪혀 보고 싶어서 제 손을 한 번 슥 쓸어 보기도 하고요. :: 주은아, 백화점 의류 매장

전화로 고객과 응대해야 될 때가 많아요. 그건 보이지 않으니까 더 심하죠. 백화점에 있는 직원들도 전화로 폭력을 많이 당하거든요. 어떤 사람은 칼 들고 오겠다고, 거기 기다리라고 해요. 그러면 직원들이 무서워서 퇴근도 못해요. 어떤 고객이 제품을 사 가지고 갔는데, 직원이 설명을 자세하게 해주니까 아줌마가 기분이 나빴다는 거예요. 자기를 애 취급하냐면서. 이거를 자기 남편에게 얘기를 해서 난리가 난 거예요. "내가 칼 들고 갈 거니까 너 기다리고 있어." 그런 전화들이 진짜 많아요. 우리가 이렇게 예쁘게 하고 매장에 서 있지만, 그 내면에 들어가 보면, 일하기 진짜 힘들어요. 성희롱도 일어나요. 고객이 성희롱이나 폭행을 저질렀을 때, 그걸 어떻게 할 거냐, 대책이 없어요. 백화점이 와서 말려 줄 것 같아요? 안 그래요. 아무런 조치도 안 해요.

:: 유소영, 백화점 화장품 매장

'직원은 언제든 고객의 모든 것을 받아 줘야 하는 존재'라는 고정관념 속에서 이에 대한 대처는 미비하다. 노동자들은 폭언과 협박에 퇴근도 하지 못하고 떨거나, 성희롱을 '매출 때문에' 참아야 하는 것인지 갈등을 느끼기도 한다. 명찰을 달고 있기에 실명 정보가 고스란히 드러나는 노동 조건, 갑자기 뛰어들어와 다짜고짜 폭언을 퍼붓고 폭행하는 사람들에게 무방비로 노출된 상황에 있기 때문에, 항상 긴장하고 위협을 느낄 수밖에 없다. 서울 지역 유통업 판매직 여성노동자 실태조사 결과, 1년 사이에 고객으로부터 폭언을 경험한 비율이 42.4%나 되었다. 우리나라 서비스 산업의 감정노동 수행 현황은

52.3%로 혹실드의 감정노동 수행 기준(40% 이상)을 훌쩍 넘는다. 유통 판매직 여성노동자들은 고객과의 상호작용 과정에서 자신의 감정을 조절하거나(98.3%), 감정과 다른 표정을 지을 뿐 아니라(98.9%), 실제 감정을 숨기고 일한다(91.8%)고 응답했다.[6] 주요 백화점이나 할인점의 경우 '산업안전보건교육'이나 '직장 내 성희롱 예방교육' 같은 의무교육을 제대로 이행하지도 않고 있다.[7] 국내 주요 서비스 산업의 감정노동 수행 강도를 살펴본 결과, 그 강도가 가장 높은 직종은 백화점 화장품 판매직(98.2%)이었다.[8] 실상이 이러한데도 백화점 내의 감정노동은 무방비의 상태로 부추겨지고 있다.

그러나 고객들의 폭언·폭행을 예방하고 대처하는 것이 애초부터 불가능한 것은 아니다. 기업이 노동자를 존중하는 노력을 하는 것이 우선이다. 서울시의 경우 종합민원전화인 '120 다산콜센터'에 문의하면서 성희롱 발언을 한 차례만 해도 「성폭력범죄의 처벌 등에 관한 특례법」의 처벌 조항을 적용해 법적 조치를 취하기로 했다. 그동안 월 평균 1천여 건에 이르는 악성 전화로 상담사들의 고통이 컸다는 것이 대책 도입 배경이었다.[9] 한편 도시락 카페 업체인 스노우폭스는 매장에 '공정서비스 권리 안내'라는 입간판을 세워 누리꾼들의 주목을 끌었다.

우리 직원이 고객에게 무례한 행동을 했다면 직원을 내보내겠습니다.
그러나 우리 직원에게 무례한 행동을 하시면 고객을 내보내겠습니다.
상품과 대가는 동등한 교환입니다. 우리 직원들은 훌륭한 고객들에게 마음 깊이 감사를 담아 서비스를 제공하겠지만 무례한 고객에게까지 그렇게 응대하도록 교육하지는 않겠습니다. …… 직원에게 인격적 모욕을 느낄 언어나 행동, 큰 소리로 떠들거나 아이들을 방치하여 다른 고객들을 불편하게 하는 행동을 하실 경우에는 저희가 정중하게 서비스를 거부할 수 있음을 알려드립니다.[10]

이 '공정서비스 권리 안내'는 SNS에 회자되고 매스컴에 보도되며 긍정적인 반응을 얻었다. 노동을 해야만 살아갈 수 있는 많은 보통의 사람들은 노동자의 권리를 지키는 것이 곧 자신의 권리를 지키는 것이라는 사실에 공감하기 시작했다. 그도 그럴 것이 안정된 일자리는 사라지고 저성장이 고착화되고 있다. 청년실업률은 높아지고 가계 소득은 증가하지 않는데 가계 부채는 급증한다. 중산층은 붕괴되고 대기업은 초과이윤을 누리는데 그 몫은 소비자나 노동자에게 돌아가지 않는다. 사람들은 이것이 구조의 문제라는 점을 알아챘다. 이윤을 위해 불안정하고 열악한 일자리가 양산되는 시대, 우리는 다른 노동자의 위치에 어렵지 않게 자신의 위치를 겹쳐 볼 수 있게 되었다. 다른 구성원들을 자신과 동등한 사람으로 보게 된 것이다. 그리하여 감정노동을 하는 다른 노동자를 모욕적으로 대하는 것이 곧 자신이 일터에서 다시 겪게 될 일이라는 생각을 하게 되었다.

백화점이 노동자를 보호하기 위한 아무런 대처도 하지 않기 때문에 노동자들이 겪는 어려움은 개인적인 것으로 치부된다. 자신이 잘못한 것이 없는데도 고객에게서 비합리적으로 비난받고 무조건 죄송하다고 빌며 요구를 맞춰 줘야 할 때 직원들은 '엉망이 된다'.

제품을 거의 다 쓰고 남겨 온 거예요. 트러블 생겼다고 환불해 달래요. 고객 조회를 해보니 세 통째예요. "고객님, 세 번이나 쓰시고 트러블이시냐?"고 물어도 환불을 요구하는 거죠. 어쩔 수 없이 그냥 환불해 줘요. 스트레스를 받으면 근무를 할 수 없어요. 매니저가 되면 어느 정도 컨트롤이 되지만, 경력이 없는 직원들은 이해가 안 되는 상황인 거예요. 고객이 자기가 잘못을 해놓고 큰소리를 치는 상황이 굉장히 억울하고 스트레스인 거죠. 매출 할당량이 있어서, 그걸 채워야 인센티브를 받는데, 잘 팔아서 그걸 차곡차곡 쌓는 와중에 그런 일이 생기니까 힘이 빠지는 거예요. 고객은 말도 안 되는 이유를 대는데, 그걸 또 해줘야 하는 거잖아요. 그럼 직원들은 너무 스트레스를 받아서 엉망이 되는 거예요. 자기 밸런스가 엉망이 되는 거예요.

:: 정혜란, 백화점 화장품 매장

말꼬리를 잡는 거죠. 자기가 부당하게 요구하는 게 안 되면 그 고객은 상담하는 직원의 말꼬리를 잡아요. 컴플레인을 거는 거예요. "얘 표정이 기분 나빴어. 내가 상품 환불받자고 이러는 줄 알아? 니 표정 때문에 기분이 나빠." 이렇게 나오는 거죠. "니 눈빛이 나를 거지같이 쳐다봤잖아." 제 마음과 상관없이 눈빛을 그렇게 받아들이면, 어떻게 해야 하느냔 말이죠. :: 유소영, 백화점 화장품 매장   .

백화점에 입점하면 입문 교육을 받아요. 강사들이 "왜 고객님들이 백화점에 와서 물건을 구입한다고 생각하냐? 요즘 인터넷도 로드샵도 잘 발달했는데 왜 백화점에 온다고 생각하냐?"라는 질문을 해요. 그럼 직원들이 다 쳐다보죠. 대답이 이거예요. "대우받으려고 오는 거다. 여러분들은 고객들한테 대우를 해줘야 한다." 이게 백화점의 기본적인 교육이에요. :: 정혜란, 백화점 화장품 매장

백화점은 여성노동자들의 감정노동을 주된 판매 전략으로 앞세우고 있다. "화장품 제품이 비슷하니까 승부할 건 서비스밖에 없다고 기업은 생각한다"고 했던 여성노동자의 말은 이러한 현실을 보여 준다. 비슷한 원료들을 사용하고 획기적인 신기능이 개발되지 않는 상황 속에서, 화장품 브랜드들은 판매원과의 '관계 지향적인 소비'를 통한 매출 향상을 의도적으로 노린다.[11]

✦ 백화점의 방관과 조장 ✦

노동자들이 경험하는 고통은 자신들의 감정과 노동이 전혀 존중되지 않은 채 무조건 고객이 옳다는 접근과 대처법 때문에 일어난다. 백화점의 이미지만 제고하면 된다는 생각 때문에 고통은 쉽게 묵살된다. 백화점 측이 이들의 고통에 무관심한 이유는 부당한 환불이나 교환 등으로 인한 손해가 입점협력업체에만 갈 뿐, 백화점에 직접적인 타격이 오지 않기 때문이다. 백화점 관리자나 백화점 고객상담실은 판매직 노동자가 겪는 어려움을 실제적으로 도와주는 것이 아니라 고객의 항의를 조금 누그러뜨릴 뿐이며, 문제는 고스란히 남게 된다. 고객

이 누그러지는 이유는 지위가 좀더 높은 백화점 관계자가 자신의 말을 받아들였다는 이유 때문일 텐데, 사실 백화점 관계자는 판매직 노동자들과 고용 관계가 전혀 다르며, 각 매장의 상황을 잘 알지 못하는 경우가 많다. 그리고 컴플레인이 처리되려면 백화점에 있는 고객상담실과 입점협력업체에 있는 고객상담실, 매장의 직원과 매니저, 층마다 있는 바이어들이 관여해 모두 일치되게 처리해야 하는데 그렇게 되는 경우는 잘 없다.

말이 안 되는 상황인데 담당은 백화점 이미지만 생각하고 "죄송합니다"라고 말하면서 굽신거리면서 들어가니까. 일단 들어 보고 손님한테 "이건 억지십니다" 하는 게 있으면 좋겠는데, 무조건 "예예" 하면서 고객 달래는 게 먼저니까 문제 해결은 안 되죠. 저희가 그냥 울며 겨자 먹기로 해주는 거죠. 억지를 부린다거나 하면 약간 단호하게라도 해줬으면 하는데 그런 게 없어요. 백화점 관리자가 층별로 있는데 관리자가 오면 고객이 더 소리 지르고. "네가 관리자야? 책임자야?" 문제 해결 전혀 안 된 채로 약간 진정시키는 수준이지 확 바뀌는 건 없어요. 사실 손해는 입점협력업체가 보는 거고, 관리자는 백화점 기업 이미지 안에서 제스처만 취하는 거죠. :: 김희진, 백화점 화장품 매장

우리가 고객에게 컴플레인이 걸리면 우리 편을 들어주지 않아요. 백화점 이미지만 생각하고 고객 편을 들어서 무조건 물건을 바꿔 주라고 하는데 그건 아닌 것 같아요. 진상들이 많은데 그것을 다 받아 줄

수는 없잖아요. 그건 회사의 손실이지, 백화점에는 큰 손해가 없어요. 물건을 1년 넘게 쓰고 다니다가 이제 와서 불편하다고 억척 떠는 고객이 있었어요. 일단 이럴 땐 본사랑 상의를 해야 하는데, 본사는 백화점에서 시끄럽게 하면 우리 매장이 불이익을 당할까 봐 해주라고 하는 거죠. 백화점이 해주라고 하면 해야 되는 거예요. :: 정민혜, 백화점 잡화 매장

백화점 측의 방관과 조장으로 인해, 고객은 노동자의 무릎을 꿇게 하거나, 때리고 욕도 할 수 있는 무소불위의 권력을 쥐게 된다. 백화점 측에서도 고객이 원하는 대로 해주라고 하고, 본사도 매장 불이익을 겁내며 백화점 말대로 해주라고 하면, 노동자만이 홀로 무례한 고객 앞에서 "무조건 죄송"하다고 사과를 해야 하는 상황에 놓인다. 무조건 죄송하다고 함으로써 백화점은 이미지를 유지하고, 입점협력업체 본사는 시끄러워질 일을 애초에 덮어 버리고, 백화점 정규직 관리직들은 자기 고과에 영향을 받지 않게 된다. 그러나 합당한 이유를 모른 채 고개를 숙이고 빌어야 하는 노동자는 큰 상처를 입게 된다. 하지만 아무 일 없는 것처럼 넘어가며, 그러한 일이 다시 반복된다.

이 같은 고객들의 갑질과 이에 대한 무조건적인 수용은 하루아침에 우연히 벌어진 일은 아니다. 독과점 형태의 대형 유통기업인 백화점이 중소기업, 입점협력업체를 구조적으로 착취하는 과정과 맞물려 있다. 구조적인 착취의 종착역은 백화점에서 판매를 담당하고 있는 비정규직 노동자들이다. 노동자들을 보호할 수 있는 어떤 체계적인 매뉴얼도, 대처 방안도 없다. 무조건 "네", 무조건 "죄송합니다"가 전

부다. 고객을 대우해 주면 상품이 더 팔릴 것이고 그 이익을 백화점이 가져가면 된다. 손해는 입점협력업체의 몫이지 백화점의 명성에 흠집 날 것은 없다. 고객을 극진히 대우하기 위한 노동과 그로 인한 상처는 백화점 노동자가 알아서 해결하도록 두면 된다. 백화점은 그렇게 계산한 것이다. 그래서 의도적으로 아무것도 하지 않고 방관하는 것이다.

일례로 백화점에서 배포하는 광고 전단지에 매장의 무료 샘플링 광고가 나가는 경우가 있는데, 백화점의 과장된 홍보 때문에 항의를 듣고 희생되는 것은 또다시 매장의 노동자들이다. 특히 화장품 매장은 '샘플'로 인한 고통을 많이 겪는다. 물건을 사지 않는 고객들이 지나가다가 '샘플'을 달라고 하거나, 수량 제한이 있는 샘플을 지나치게 많이 요구할 때 판매직 노동자들은 애가 탄다. 바로 거절하기 어렵기 때문이다. '안 된다', '못 한다'는 말은 이들이 하지 말아야 할 말이기 때문이다. 노동자들은 부당한 고객의 요구에 항의할 발언권이 없다. 그녀들의 말처럼 "직원들 사람 대우는 안 해주면서 고객들은 서비스만 바라는" 일이 숱하게 벌어진다.

백화점에서 전단지를 배포해요. '무료 샘플링, 일일 한정 100개' 이렇게 적혀 있어요. [일일 수량 한정이라는 내용은] 아주 작게 적혀 있죠. 일단 백화점에 오라고 낚는 것인데 샘플링이 다 나가고 없는 상황에서 사람들이 와서 저희한테 달라고 하면 못 주잖아요. 이런 샘플링은 오전 중으로 다 끝나거든요. 오후에 오셔서 왜 벌써 끝났냐고 화내는 사람도 많아요. 고객의 입장뿐만 아니라 직원 생각도 좀 해줬으면 해요.

서비스의 중심이 너무 고객 위주로 되는 것도 개선이 되면 좋겠고요. 직원들이 욕먹는 것도 많고 힘든 것도 많으니까. 서비스라는 게 고객 입장에서는 좋은 것이겠지만, 그게 너무 습관화가 되다 보면 당연한 거라고 생각하고, 조금이라도 소홀하게 하면 바로 서운해하고, 뭐만 있으면 컴플레인 걸고, 그 컴플레인 걸린 직원은 한소리 듣고. 인식이 바뀌어야 해요. 백화점에서는 고객이 떼쓰면 다 들어주니까.

:: 최지은, 백화점 화장품 매장

샘플 받으려고 문 뚫고 들어오는데, 책자 형식의 샘플 쿠폰 같은 경우에는 그게 1일 100명 이런 식으로 한정이 되어 있으니까, 그걸 받으려고 막 뛰어 들어와요. 백화점 오픈이 10시 30분인데, 100개 한정인데 10분 만에 끝났어요. 그럼 10분 후에 오는 사람들은 "내가 이거 샘플 하나 받으려고 온 거지인 줄 아냐! 전단지 만 장을 보냈으니 만 개를 준비해야지, 왜 백 개만 준비해 가지고!" 이러면서 직원 면전에다 전단지 던지고 가고. "이게 뭐라고! 날 거지 취급했다"면서 욕하고. 화내면 그런 것도 다 직원들이 담당할 몫이에요. 그래서 직원들이 고객이 쓴 쿠폰을 안 버리고 모아서 "고객님, 여기 있습니다. 100장" 하면서 보여 줘야 돼요. 그래도 끝까지 "그러면 다른 거라도 줘!" 막 이래요.

:: 유소영, 백화점 화장품 매장

위에서 살펴보았던 사례들에서처럼, 백화점 판매직 노동자들은 '고객 최우선'이라는 방침 때문에 별다른 권한을 부여받지도 못한 채,

고객의 무리한 요구에 시달리며 일하고 있다. 그녀들은 백화점이 그 안에서 일하는 노동자의 권리와 안전에도 좀더 주의를 기울여 주기를 바라고 있었다. 백화점이 일하기 좋은 공간으로 바뀐다면 "서로 좋은" 것인데, "너무 기업 이미지만 생각"하는 실정을 안타까워하기도 했다.

고객이 처음 보는 직원에게 막 대할 수 있다는 게 신기해요. 툭툭 내뱉 듯이 말 한마디를 해도 밉게 하는 사람이 있어요. 제발 기본적인 예의 를 지키면 좋겠어요. 판매자랑 고객의 분쟁 상황이 되면 제발 우리 말 도 들어 주면 좋겠어요. 직원에 대한 보호가 전혀 없잖아요. 그런 것도 좀 있으면 좋겠어요. 백화점이 직원 보호 안 해주고 다른 직원을 찾게 되면 근속연수가 당연히 짧을 수밖에 없어요. 그러면 백화점을 생각 했을 때도 안 좋은 거잖아요. 경력자가 있어야 좀더 안정적이고 노련 한 스킬이 있거든요. 매니저님도 환경이 좋아서 오래 일한 거 아니잖 아요. 자신이 악착같이 버텨 온 20년이잖아요. 힘든 20년 보냈으니 앞 으로는 편하게 20년 더 보냈으면 좋겠고, 그런 사람들이 점점 더 많아 져야 할 것 같아요. 같이 일하기도 좋고 고용하기도 좋고 서로 좋은 건 데 너무 기업 이미지만 생각하니까……. 판매자들을 또 다른 고객이 라고 생각 안 하는 것 같아요. :: 한아름, 백화점 잡화 매장

법적으로 바뀌지 않는 이상은 이게 개선하기가 참 쉽지 않더라고요. 누군가가 자꾸 백화점을 푸시하지 않으면, 백화점은 지네들 마음대로 할 거예요. 서울시에 민원을 넣어 볼까, 정말 이런 생각도 했다니까요.

백화점이 독단적이기도 하고, 또 근무시간도 자꾸 길어지기도 해서
요. :: 유소영, 백화점 화장품 매장

백화점이 처음부터 감정노동을 강조하고 강화한 것은 아니다. 오랫동안 백화점에 근무해 온 판매직 여성노동자들은 십 몇 년 사이에 이루어진 우리나라 서비스 노동의 변화를 체감했다.

제가 1990년도에 입사했을 때에 지금처럼 고객들한테 모든 것을 다 오픈하거나 해주는 건 아니었어요. 이것도 이렇게 사회가 변하고, 우리가 그것에 길들여졌기 때문에 하는 거예요. 이제는 '고객은 왕이다', '고객은 신(神)'까지도 가다 보니깐……. 모든 것들을 다 해줘야 한다고 풍토가 변하니까 아마 고객들이 거기에 맞춰 가는 게 아닌가 생각이 들어요. 저는 고객들의 문제라기보다는 백화점들이 그렇게 만들었기 때문에 고객이 그렇게 할 수 있는 거라고 생각해요. 백화점이 명확하게 잘라 줬더라면, 고객들도 그러진 않았을 것 같아요. 예전에 백화점 오는 분들은 와 가지고 막 함부로 하는 분들은 없었거든요. 근데 지금은 누구나 와서 대우받길 원하는 곳이 된 데가 여기 백화점이잖아요. :: 유소영, 백화점 화장품 매장

10여 년 동안 노동조합 활동을 한 유소영 씨는 "[고객인] 시민들에게 바라는 지점보다 백화점 측에 바라는 지점들이 더 많"다고 했다. 왜냐하면 "시민들의 변화도 물론 필요하지만, 백화점이 분위기를 만

들어 간 측면이 훨씬 더 크기 때문"이라고 했다. 1996년에 유통산업이 개방되고 국내 재벌 유통기업 중심으로 백화점이 재편된 이래, 재벌의 시장 점유율이 80%에 이르렀다. IMF 구제금융 이후 재벌과 대기업 위주의 유통업 구조조정이 이루어진 것이다. 그로부터 10여 년 사이에 백화점 시장은 포화 상태에 이르렀는데, 백화점은 포화로 인한 매출난을 타개하기 위해 '서비스 향상'을 주된 전략으로 삼았다. 그리고 이러한 기업의 전략은 자연스럽게 소비문화에 스며들게 되었다. 고객들은 직원들에게 무리한 요구를 해도 다 수용되는 경험들을 통해 '그렇게 해도 된다'는 암묵적인 메시지를 받게 되었다.

80년대만 하더라도 '서비스'를 잘 모를 때였어요. 그땐 '고객이 왕'이 아니라 '고객이 봉이다'라는 농담까지 있었는데요. 지금 우리나라 서비스 친절한 게 유명하잖아요. 직원들 사람 대우는 안 해주면서 고객들은 서비스만 바라고. 요즘 브랜드별로 제품 기능은 비슷하니까 교육 때 말하는 게 "승부할 건 서비스밖에 없다"라고 얘기해요. 그래서 더 서비스를 강조하는 것 같고, 사람들의 감성을 자극하는 전략으로 교육을 시키구요. :: 최지은, 백화점 화장품 매장

✦ 감정노동에 대한 대처 ✦

점심시간에 백화점 화단에서 쪼그리고 앉아 쉬는 노동자를 본 적이 있다. 상체를 발치 쪽으로 숙이고 스마트폰을 물끄러미 들여다보고

있었다. 그녀에게는 매장 안에서의 꼿꼿한 자세와 웃음이 없었다. 상반된 그 모습에서 그들이 매장에서 견뎌 내야 하는 노동 강도를 느낄 수 있었다. 매 순간 긴장을 놓칠 수 없는 백화점 노동자들은 감정노동으로 인한 스트레스를 각자 어떻게 풀고 있는 것일까.

직원들이 고객 응대를 하다 스트레스를 너무 많이 받으면 매니저인 내가 "가서 담배 한 대 피우고 와"라고 말해요. 이렇게 나가서 담배라도 한 대 피워야 스트레스를 약간 풀고 오니까. 그런 일 진짜 많아요. 못 피우는 직원들은 어떻게 해소할 수가 없으니까 뭐 "가서 좀 쉬고 와라" 하는데, 피울 수 있는 직원한테는 "가서 담배 한 대 피우고 와라" 그렇게 얘기하는 거죠. 담배를 피우면 풀리는지 잘 모르겠지만요.

:: 정혜란, 백화점 화장품 매장

진상 고객 만나도 밖에 가서 하늘 한 번 보고 오면 정말 많이 풀린대요. 그러지 않고, 그냥 또 다른 고객 만나면 이게 계속 쌓이는 거잖아요. 그러니까 진상 고객이 와서 응대를 했을 때는 그냥 무조건 직원을 내보내야 된대요. 무조건 내보내서 최소한 5분 정도는 있다가 들어오라고 얘기를 해야 된다고 해요. :: 유소영, 백화점 화장품 매장

감정노동으로 소진될 때 노동자들은 한숨 돌리거나 업무 중지를 하고 브레이크 타임을 가져야 한다. 하지만 실상에서 숨을 돌릴 시간은 좀처럼 주어지지 않고, 매니저의 배려에 따라 누릴 수 있는 혜택이

된다. 로레알 코리아 노동조합은 백화점 노동자가 감정노동으로 소진되는 문제를 공식적으로 제기하고 2005년에 '3만 원'이라는 상징적인 감정수당을 받기 시작했다.[12] 로레알 코리아 노동조합은 '근로자 직무 스트레스 해소 프로그램'Employee Assistance Program(EAP), 감정노동 휴가, 대안적 응대 매뉴얼을 만들어 조합원들의 권익을 보호하기 위해 애쓰고 있다.

우리[노동조합]가 [국내에서는] 맨 처음 감정노동과 관련해서 감정수당 얘기하고 3만 원을 받았거든요. 감정수당을 받는다고 이 감정이 풀어지지는 않아요. 그래서 우리가 진짜 발품 팔아 가지고 막 돌아다니면서 이런 것들을 해소할 수 있는 프로그램이 뭐가 있을까 찾아봤어요. 그래서 EAP라는 걸 회사한테 요구했어요. 회사에서는 그 프로그램이 어떤 의미가 있냐고 했지만 "감정노동의 고통이 남아 있지 않게 계속적으로 풀어야 된다"라고 주장해서 관철시켰어요. 또 감정노동 휴가를 만들었거든요. 근데 그것도 하루밖에 안 되니까. 그러고 난 다음에 저희가 응대 매뉴얼을 만들자고 했어요. 워낙에 진상들이 많잖아요. 우리가 현장에서 모든 것들을 다 정리해야 되는 거잖아요. 본사에 가더라도 이걸 명확하게 정리해 주지 않는 경우도 많았거든요. 매뉴얼을 만들기 전에 저희가 백화점에 의뢰를 했어요. "너네 매뉴얼이 있으면 줘라, 우리도 만드는데." 근데 백화점에서 매뉴얼이 있기는 하나 비공개래요. 공개할 수 없다는 거예요. 근데 중요한 건 얘기를 해도 백화점이 그걸 받아들이지 않으면, 그 매뉴얼은 필요가 없는 거예요.

우리도 매뉴얼을 만들어 놓았지만 그 매뉴얼이 실효성이 없는 거죠.

:: 유소영, 백화점 화장품 매장

백화점은 일하는 노동자들을 위한 노력에 적극적이지 않았다. 내부에 있다는 매뉴얼을 공개하지 않았고 노동자들이 스스로 지침으로 만든 매뉴얼을 받아들이지도 않았다. 새로운 응대 매뉴얼을 만드는 것은 노동자의 안전한 노동권을 위해서 반드시 필요한 일이었지만, 백화점의 피상적이고 형식적인 대응으로 인해 그 실효성을 가질 수 없었다. "고객 대응 기준을 일관성 있게 마련하고, 고객을 상대하는 데 있어 더 유연하게 대응해 갈등을 줄일 수 있도록 유통산업 노동자들의 권한과 자율성을 확대해야"[13] 비로소 감정노동의 위험이 줄어들 수 있다.

실제 고객이 현장에서 적절한 문제 해결을 바라는 경우에도, 백화점 노동자들에게 별다른 권한이 없기 때문에 해결이 여의치 않은 경우가 많다. 이러한 공백을 기업은 표피적인 친절 교육으로 메우려고 한다.

감정노동에 대한 요구는 '고객감동경영'이라는 유통업의 새로운 경영 전략에 따른 것이지만, 기존에 배태되어 있던 '일하는 사람을 멸시하는 문화적 풍토'와 겹쳐지면서 배가된 측면이 있다. 고객들의 폭력적인 언행 뒤에는 판매직 노동자에 대한 하대, 나이 차별, 여성 차별, 가지지 못한 계층에 대한 차별이 스며들어 있다. "갑을 관계는 우리의 무의식 세계까지 파고들어 일상적인 행동 패턴으로 내면화됐다."[14]

이러한 갑을 문화는 압축적인 경제 개발 시대를 거치면서 나온 뿌리 깊은 병폐다. 경제 성장 시기에 뿌리 뽑지 못한 전근대적인 관습에 더해 감정노동을 통한 판매 증대를 주된 전략으로 하는 신자유주의적 경영 전략이 함께 작동하면서 백화점 판매직 여성노동자들이 감내해야 하는 노동과 차별의 강도는 더욱 가중된다. 그렇기에 감정을 가진 인간으로서 노동자들을 존중하는 것은 이러한 사회문화적 관습의 변화와 함께 이루어져야 한다.

✦ 노동자들의 다친 마음은 어떻게 위로받나요? ✦

물건을 사는 고객이 잊고 있는 것이 있다. 물건을 파는 노동자의 감정이다. 물건을 팔기 위해 백화점 노동자가 잊어야 하는 것이 있다. 바로 자신의 감정이다. 차라리 없었으면 일하기에 좋았을, '노동자의 감정'은 백화점 안에서는 짓눌려 있다가 백화점을 떠나면 고통을 해소할 길을 찾는다. 그녀는 물건이 아니라 사람이기 때문이다.

직원들도 어디 가서 푸는 거죠. 자꾸 이게 도는 거예요. 아유, 그리고 서비스 업종에 있는 사람들은 집에 가서 말도 안 해요. 나도 집에 가서 말 안 해요. 힘드니까. 말 시키는 것조차 짜증나요. 이렇게 대화가 안 되는 것들도 생기는 것 같아요. 혼자 고립되고……. 그래서 담배 피우는 사람 진짜 많아요. ∷ 유소영, 백화점 화장품 매장 화장실에서 울기도 하고, 동료들이랑 술 한 잔 하러 가기도 하는데, 이렇게 푸는 게 일시적이잖아요. 내가 오늘 술 먹었다고 잊히는 것이 아니거든요. 계속 속에 있다 보니까 쌓여만 가고 점점 더 힘들어지기만 하는 거예요. 그런데 내가 이 일을 하면서 힘들다고 해서 술, 담배로만 풀고 싶지는 않아요. 나 자신은 내가 지켜야 하는 거잖아요.

:: 박정아, 백화점 잡화 매장

스트레스 받으면 직원들끼리 대부분 술을 먹는 것 같아요. 아니면 담배를 피우기도 하고. 뭘 할 시간이 없어요. 노는 날이 많은 것도 아니고 남들하고 빨간 날에 맞춰서 쉬는 것도 아니고, 평일 날 나 혼자 쉬어야 되는 거고. :: 정민혜, 백화점 잡화 매장

아침에 첫 손님 상대하면 기분이 있어요. '아, 오늘 날인 것 같다'는. 진짜 일 끝나고 나면 아무랑도 이야기하고 싶지 않아요. 사람 상대하는 일이다 보니까 한마디도 하기 싫은 거예요. 퇴근하고 나서 사람들이 물어보면 괜히 불친절하게 말하는 것 자체도 싫으니까. 좀 안 좋은 것 같아요. 판매직은 1년 해도 오래 한 거예요. 제가 변하는 게 싫어서 전 일을 그만뒀어요. :: 한아름, 백화점 잡화 매장

화장실에서 혼자 울기도 하고, 술을 먹고 목소리를 높여 말을 쏟아내기도 한다. 사람들이 싫어지고 말을 하기 싫어져 혼자 있기도 하고, 일을 그만두기도 한다. "1년 해도 오래 한" 일인 판매직은 자신의

생각과 감정을 바꾼다. 변하는 모습은 스스로 낯설다. 종일 웃으며 일하다가도 일이 끝나면 웃음과 말을 아예 잃어버리기도 한다. 남한테 감정노동을 하느라 소진되어 집에 가서 가족에게는 한마디 말조차 꺼낼 마음이 들지 않는다. 담배와 술은, 쫓기는 시간과 만날 이 없는 상황 속에서 빨리 스트레스를 풀고 다시 현실로 돌아가기 위한 자구책이다. 그 사이 건강은 더욱 상해 간다.

때로 생각을 바꾸려고 노력한다. 마인드 컨트롤을 통해 자신에게 일어나는 일을 헤쳐 나가고자 한다. 마음에서 일어나는 감정을 흘려보내고자 애쓴다. 진상을 부리는 고객에게 연민을 가지려 할 때도 있다. 좀 더 넓은 시야로 모든 사람들을 사랑해야 한다고 다짐하기도 한다. 자본주의 사회는 감정을 착취하면서 동시에 개인적 치유 담론으로 포장한 새로운 상품을 내놓는 곳이다. 감정의 고통은 철저히 개인적으로 극복해야 하는 문제가 된다. 사회가 감정의 문제를 그렇게 인식하고 그것을 노동자들 또한 내면화한다.

스트레스를 좋은 쪽으로 풀려고 해요. 안 좋은 일이 있으면 나를 위해서 영화 한 편을 보고, 좋은 친구를 만나서 대화를 나누고. 저 같은 경우는 책을 많이 봐요. 알게 모르게 쌓였던 것이 잊힌다기보다는 많이 가벼워져요. 아, 살다 보면 이럴 수도 있구나. 다 내 마음같이 되는 것이 아니구나. 지나가는 것을 잡고만 있을 수는 없는 거니까, 이렇게 생각하면서 감정을 흘려보내요. 텔레비전에서 재미있는 코미디 프로그램을 보면서 웃어요. 제일 좋은 것은 마음가짐이에요. 내가 어떻게 받아들이고 이해하느냐에 따라서 달라지는 것 같아요. 계속 쌓아 두고 있으면 힘들어요. 내려놔야 돼요. 어차피 오늘을 사는 것이지, 과거를 사는 게 아니잖아요. 지나간 건 다 잊으면 돼요. :: 박정아, 백화점 잡화 매장

매번 진상 고객은 있지만 심한 날이 있어요. 매장에서 한 20년 일하신 선배님이 항상 이야기하는 게 있어요. 진상 고객들은 어디서 대접 못 받고 와서 우리한테 화풀이하는 것 같다고, 우리들 아니면 누가 상대해 주겠냐고, 그냥 불쌍한 마음으로 생각하자고, 이렇게 안 하면 일 오래 못한다라고 이야기하시거든요. 그만큼 힘들고 더러운 꼴 많이 보니까, 그런 마음가짐으로 그 선배님은 20년 하신 거예요. 그래서 손님 대하는 첫마디부터가 달라요. 같은 말이라도 다르게 해요. 경력이란 게 있는 것 같아요. :: 한아름, 백화점 잡화 매장

✦ 위기 속의 감정 ✦

'쇼핑은 감정'이라고들 한다. 소비 습관을 지배하는 것은 감정이고 그 감정을 사로잡아 마케팅을 해서 물건을 판다. 사회에 만연한, 구성원들에 대한 배척은 이를 보완하고자 하는 욕구를 일으켜 소비를 자극하고, 상처받은 마음은 물건을 사는 행위를 통해 보상받고 싶어 한다. 슬픔과 공허함, 상실감은 무의식적으로 소비를 부추긴다. 우울과 외로움에 상품을 사며 신용카드는 뇌의 고통을 덜어 주어 더 많은 소비를 유발한다.[15] 마케팅은 그것을 적극 활용하고, 판매원은 고객의 감정을

정성껏 돌보고 받아 주되 자신의 다친 감정은 스스로 위무해야 한다.

일을 오래 하려면 감정을 마음에 담아 두어서는 안 된다. "어차피 오늘을 사는 것이지, 과거를 사는 게 아니"라고 마음을 다잡아 보지만, 또다시 감정노동을 하고 '진상 고객'을 맞닥뜨리게 된다. 그들의 성찰은 경험에서 우러나온 것이지만, 일을 하고 생존하기 위해 어쩔 수 없이 선택해야 하는 것이기도 하다. 다친 마음은 경고한다. 이 상황에서 벗어나야 한다고. 마음이 아픈 건 이유가 있고, 이런 취급을 계속 받으면 너는 더 버틸 수 없다고, 감정은 신호를 보내는 것이다. 백화점 노동자는 또다른 이에게 감정노동을 요구하고 싶어 하는 자신의 모습에 문득 위기감을 느끼기도 한다.

백화점에서 너무 서비스만 하다가 다른 곳에 가면 저도 서비스를 되게 평가를 하게 되는 거예요. 내가 한 만큼 안 해주면 클레임 걸고 싶은 마음이 막 생기고, 똑같이 해주고 싶은 생각도 들어요.
:: 김지혜, 백화점 화장품 매장

제가 서비스직에서 일하다 보니까 일반 매장에 가면 저희랑 비슷한 루트로 고객을 끌어당기고 연결 판매하는 게 다 눈에 보여요. 어느 순간 속으로 지적하고 있고, 그런 제 모습을 보면 맞는 건지 틀린 건지 잘 모르겠어요. :: 최지은, 백화점 화장품 매장

감정노동의 공식이 몸 안에 들어오는 것, 백화점의 요구에 따라

획일화된 감정의 문법이 자신의 무의식에 스며드는 것, 풀 길 없는 상처가 공격성이 되어 다른 노동자의 노동을 평가하고 그에게 표출되는 것, 그리고 그것을 의식하게 되는 순간이 있다. 그러한 내적 갈등이 그나마 그녀의 감정을 지켜 내는 보루가 된다. 그녀들은 기업에 전유되지 않는 감정, 교환가치가 아니라 인간의 능력으로 상호 주고받는 감정, 화폐에 따른 대가가 아니라 베풂의 능력으로서의 감정[16]을 아직 가지고 있다. 그녀들은 상품뿐 아니라 감정마저도 물화되어 오가는 현장 속에서 일하면서 자신의 인간적인 감정을 잃어버리지 않으려고 소리 없이 분투한다.

떴다! 미스터리 쇼퍼

미스터리 쇼퍼는 백화점 판매직 노동자의 서비스를 평가하고 점수화하는 '가짜 고객'이다. 미스터리 쇼퍼는 까다로운 질문을 하고 직원의 반응을 보려고 일부러 자극적인 말과 행동을 하기도 한다. 그들은 서비스를 꼬치꼬치 체크한다. 미스터리 쇼퍼 제도는 백화점뿐 아니라 면세점, 호텔, 레스토랑, 은행 등 다른 서비스 업종에서도 실시된다. 주어진 일을 처리하기에도 몹시 바쁜 와중에 자신들의 노동 수행 면면이 모니터를 당한다는 사실에 노동자들은 큰 스트레스를 받고 있다. 미스터리 쇼퍼는 자신들의 정체가 눈에 띄지 않게 하려고 매장을 은밀히 다닌다. 직원이 그들을 분간하는 것은 쉽지 않으므로 노동 강도는 일상적으로 강화된다.

분기마다 미스터리 쇼퍼가 있어요. 백화점에서 하는 것도 있고, 매장 자체에서 하는 것도 있고, 본사에서 자체적으로 하는 것도 있고 좀 많아요. 분기에 한 번씩 나오기도 하고, 6개월에 한 번씩 나오기도 해서,

두 달에 한 번꼴로 한다고 봐야죠. 언제 나올지 몰라요.

:: 김희진, 백화점 화장품 매장

미스터리 쇼퍼가 온다고 하면 그날은 신경을 곤두세우고 일하죠. 언제 어떻게 될지 모르니 그 자체가 스트레스예요. 장사가 잘 될 때는 더 그래요. 그러면 '내가 이걸 정말 해야 되나?' 싶을 때가 있어요. 연말, 시즌 때는 고객을 제일 많이 상대해야 하는 때잖아요. 그리고 장사가 너무 안 될 때도 그래요. 매출이 안 나오고 예민한데 점검을 막 나오는 거예요. 직원들도 힘이 드니까 웃음이 안 나오는데 미스터리 쇼퍼가 아무도 모르게 들이닥칠 때가 있어요. 진짜 황당하죠. 티가 안 나요. 작은 핸드백 들고 와서 이것저것 다 해보고 진짜 사 가요. 저희는 모르죠. 고객인 줄 알죠. 녹음을 했거나 동영상 찍은 것을 위[백화점 측]에서 체크를 하고 그래요. 미스터리 쇼퍼가 나오면 손님인 척 말을 걸잖아요. 미스터리 쇼퍼가 직원 명찰 이름 딱 보고 브랜드를 무조건 외워 둬요. 그러면 나중에 이 직원 어느 브랜드의 누구라고 이름 부르고, 그다음에 직원이 잘못했다면서 그때 말한 그대로 토씨 하나 안 틀리고 지적이 들어오는 거예요. 서비스라인 직원이 전달을 해줘요.

:: 박정아, 백화점 잡화 매장

직원들이 가장 힘들어하는 이유는 면세점에서 하는 미스터리 쇼퍼가 있고, 본사에서도 직원들의 태도를 평가하려고 하고, 심한 데는 브랜드에서도 하니 삼중고를 겪는 거예요. 거기서는 각자 한 번씩 하는 거지만, 직원들은 1년 동안 긴장을 풀 수 없는 거예요. 언제 올지 정확히 모르니까 긴장이 되죠. 미스터리 쇼퍼는 일반 고객들이 물어 보지 않는 디테일한 질문들을 하거나, 강도 높은 질문을 하고, 극단적으로는 직원의 반응을 보려고 자극적인 말과 행동을 해요.

:: 윤강희, 면세점 화장품 매장

    기업은 노동자들의 감정노동 수행을 감시하고 고객 응대 평가를 인사고과에 반영한다. 한국여성민우회의 시민설문조사 항목에서 "내가 일하는 것을 몰래 지켜보고 평가한다면 어떤 기분이 들 것 같습니까?"라는 설문에 "기분이 나쁠 것이다"는 답변이 31.8%, "긴장되고 불안하다"는 답변이 33.6%, "신경 쓰여서 일이 잘 안 될 것 같다"는 답변이 22.4%를 차지했다. 부정적인 기분이 들 것 같다는 응답이 87.8%를 차지한 것이다. 미스터리 쇼퍼에 대한 시민들의 반응을 여기서부터 추론해 볼 수도 있지 않을까?

    노동 과정 중에 한 말과 행동 하나하나는 항목화되어 평가되며 점수로 매겨진다. 자신이 몇 점짜리 노동자가 될지 알 수 없다. 미스터리 쇼퍼에게 달린 일이다. 누구인지 모를 미스터리 쇼퍼에게 체크당하지 않기 위해 모든 고객들에게 긴장한 상태에서 인사를 한다. 한 여성노동자는 "매장에서 근무하는 것이 싫어지고 타인의 눈에 노출되어 노동하는 것이 힘겹다"고 말했다.

    모니터는 매뉴얼이 있어요. 대기, 입장, 응대, 계산, 마무리까지. 일단 대기 자세는 매뉴얼에 있는 대로 서 있어야 하는 거예요. 매뉴얼대로 안 지켜졌을 때는 체크가 돼요. 100점 만점에 5점, 4점 이렇게. 멀리서 인사를 해도 눈을 안 마주치면 안 되고 아이컨택 해야 하고, 두 가지 멘트를 해야 해요. 비구매 했을 적에 친절한지를 보고. 예전에 한 동료는 고객이 다른 층을 물어봤는데 모니터인 줄 알고 엘리베이터까지 모시고 갔는데 친절하다고 100점 받았어요. ∷ 김희진, 백화점 화장품 매장

조금 노련해지면 이 사람이 미스터리 쇼퍼인지 눈치를 채요. 핸드폰을 뒤집어 놓거나 핸드폰을 쥐고 있는 거는 녹음을 하고 있다는 것이거든요. 본사에서 미스터리 쇼퍼는 1년에 네 번 정도 보내요. 백화점 측에서 하는 평가도 따로 있어요. 이 기간에는 아무래도 신경을 쓰게 돼요. 근데 평가 점수가 좀 심하게 낮게 나왔다 싶으면 본사에서 교육을 받아요. 점수 공개를 할 때도 있고. 매니저 평가에도 반영되니까, 점수 안 나오면 매니저님들도 더 교육시키거든요. 쇼퍼 기간은 되게 스트레스를 많이 받는 기간이에요. ∷ 최지은, 백화점 화장품 매장

미스터리 쇼퍼는 매달 한 번씩 있어요. 어느 매장에 나올지는 모르는 거예요. 평가 결과는 나중에 나와요. 직원들 다니는 통로에 붙여서 결과를 알려 줘요. 통과 못하면 또 해야 돼요. 기준이 네다섯 가지가 있어요. 고객 응대, 니즈 파악, 마중 인사, 보낼 때 인사, 결제할 때 등등 문항의 파트가 나눠져 있어요. 80% 이상 통과해야 합격인데, 네다섯 가지 중에 한 가지라도 불합격하잖아요? 그럼 통과 못해요. 다 통과해

야 한다는 거죠. 그럼 또 하는 거예요. 또 했는데 또 그래. 그럼 또 하는 거예요. 될 때까지. 그런데 만약 세 달 이상 그랬다면 전체 교육을 받기도 하고요. :: 주은아, 백화점 의류 매장

✦ 미스터리 쇼퍼가 다녀간 후 ✦

미스터리 쇼퍼가 다녀간 후 매장은 점수를 받는다. 그 점수는 서열화되어 사람들이 모인 가운데 공개되기도 하며 서비스 재교육으로 이어지기도 한다. 점수 미달이 되면 "꼭두새벽같이 나와서" 교육을 받고, "신경이 곤두서서" 매장에서 일하게 된다. 커트라인은 80점, 90점대로 기준이 높다. 주관적일 수 있는 미스터리 쇼퍼의 평가 점수는 노동자의 서비스에 대한 절대 평가값처럼 여겨지고 나아가 고용 지속의 기준이 된다. 점수가 낮게 나오는 경우 해고될 수 있는 것이다. 백화점은 입점협력업체에 연락해 직원을 내쫓거나 그 자리에서 해고하기도 한다. "70점 나오면 큰일나는 거예요." 인터뷰에서 한 여성노동자는 목소리를 낮춰 이야기하다 '큰일'이라는 말에 힘을 주었다.

점수 기준은 정말 상대적인 것 같아요. 다 90점 받았는데 저 혼자 80점 받으면 교육받고. 근데 매장 1층은 분위기가 좀 과도하게 친절하다보니 평균적으로 90점 이상 나오구요. 70점 나오면 정말 큰일나는 거예요. 매장을 옮기게 될 수도 있구요. 백화점에서 본사로 얘기해서 매장 옮기라고 이야기도 하고 그래요. :: 김지혜, 백화점 화장품 매장

점수를 공개했어요. 매장에 들어오는 고객에게 인사하는 것, 니즈 파악, 나갈 때 배웅 인사 하는 것. 사람들 많이 있는 곳에서 상대하다 보면 스트레스 받는 게 많죠. 말을 시켜도 말을 안 하는 고객들이 있어요. 그러다 보면 몇 가지씩 좀 빠지죠. 점수 미달이 되면 꼭두새벽같이 나와서 서비스교육을 받아요. 점수가 낮게 나오는 경우는 0점이 나와요. 명찰이 없으면 그냥 0점이에요. 보통 50점대. 아주 안 나오는 사람들은 20~30점 나오는 사람도 있고. 백화점은 워낙 서비스 교육이 빡세서 어떤 백화점에서는 70점 미만이면 그냥 아웃됐거든요. 그냥 그 자리에서 잘랐어요. 경고나 그런 것 없이 좀 심했죠. 그 자리에서 집에 가라고 그랬어요. 요즘은 세 번 정도 경고를 하고 교육을 받게 해요. 그런데도 점수가 안 나오면 짤리는 거죠. :: 이은영, 백화점 의류 매장

✦ 서비스를 높여야 매출이 오른다? ✦

미스터리 쇼퍼를 통해 서비스 향상을 거듭 강조하는 것은 매출 액수를 높이기 위해서다. 기업의 판매 전략이나 소비 시장의 변동 등 구조적인 요인은 간과되고 오직 '전체 매출=개별 노동자의 서비스 질'로 파악되며, 서비스를 높이면 매출을 더 높일 수 있다는 논리가 성립된다. 이것은 백화점 기관 평가(국가고객만족도NCSI, 한국생산성본부 주관) 같은 제도로 더 과열되고, 대형 백화점들끼리 경쟁에서 서로 이겨야 한다는 분위기가 조성된다. 이 하중은 현장에서 백화점에서 일하는 판매직 여성노동자가 가장 크게 받게 된다.

일 끝나고 나면 아무랑도 이야기하고 싶지 않아요. 말해도 안 바뀔 거 아니까 뭘 이야기해야 할지 모르겠어요. 현실 세계에서 원하는 기업 이미지는 우리의 피눈물 모아서 쌓아야 가능한 거니까요. 브랜드마다 상품에 대한 자신감이 없어서 더욱더 서비스를 강조하는 것 같아요. 진짜 맛있는 맛집 가면 줄을 서서라도 기다리잖아요. 주인이 친절하면 좋지만 안 친절한 경우도 있고. 제품에 정말 자신 있다면 사람들이 찾게끔 하면 되는 것 같아요. 저희는 잡화다 보니 공장에서 찍어 내는 제품이 많잖아요. 불량품도 많으니까 어쩔 수 없이 그런 서비스들이 좋아질 수밖에 없는 것 같아요. :: 한아름, 백화점 잡화 매장

더 많은 서비스를 제공하기 위해 힘겨워하는 자신과는 달리, 좋은 서비스로 명성을 높이는 백화점을 보면서, 백화점 노동자는 속으로 '기업의 이미지는 우리의 피눈물을 모아서 쌓이는 것'이라고 느낀다. 그녀에게 서비스 평가는 물건에 대한 문제나 성장의 한계는 덮어 두고 각 개인의 무한한 서비스 향상을 통해 그 한계를 만회하려는 시도로 받아들여진다.

제가 유럽에 갔을 때 정말 신세계를 경험했는데 약국에서 어떤 손님이 판매하는 사람의 기분에 거슬리는 말을 한 거예요. 그런데 판매자가 손님에게 갑자기 나가라는 거예요. 맞은편에 똑같은 물건 파니까 거기 가서 사라고. 나 너한테 안 판다 이러면서 싸우더라구요. 사장으로 보이는 사람이 오더니 왜 그러냐고 잘잘못을 따져 보더니 손님한

테 나가라고 그랬어요. 판매자에 대한 기본적인 예의를 안 지키면 권리를 행사할 수 있던데, 우리도 그렇게 되면 좋겠어요.

:: 한아름, 백화점 잡화 매장

분명 다른 사회도 있다. 다른 문화도 있다. 그것은 노동에 대한 다른 관점, 다르게 공유되는 사회적 가치로 인한 것이다. 일례로 영국의 서비스노조Union of Shop, Distributive, and Allied Workers(USDAW)는 유통서비스업 노동자 34만 명이 조직된 단체로서, 유통서비스 업종에서 벌어지는 폭력의 문제를 주목하며 서비스직에 종사하는 노동자들을 함부로 대해도 된다는 인식을 개선하려고 '두려움 없는 현장'이라는 이름의 운동을 벌였다. 서비스 노동자들을 존중하는 분위기를 만들어 노동자의 안전과 권리를 지키려는 것이었다.[17]

2007년 국가인권위원회 설문조사 결과, 일반 시민 응답자의 절반 (45.7%) 가량이 '모니터 제도가 노동자 감시와 노동 강도를 위한 것이므로 문제가 많다'는 의견을 피력했고, 응답자의 35.2%는 고객 친절을 위해 필요한 제도라 해도 이로 인한 조치가 불이익(재교육, 급여 불이익, 부서 전환, 계약 해지 등)으로 이어지니 문제라고 답했다.[18] 기업은 고객제일주의 경영이라는 미명하에 '고객 만족'을 넘어 '고객 감동'의 실현을 직원들에게 강요하지만, 정작 많은 소비자들은 서비스를 빌미로 지나친 모니터 제도를 시행하고 노동자의 노동 환경을 악화시키는 것을 비판적으로 인식하고 있었다.

정치학자 최장집은 『노동 없는 민주주의의 인간적 상처들』에서

"노동의 시민권이 노사 관계와 정당 체제에서 취약해질 때 그것의 부정적 효과는 사회 전반의 공동체적 결속을 해체시키는 것으로 나타"나며, "노동이 배제되면 노동자만 배제되는 것이 아니라 사회 주요 이익 모두가 배제"된다는 점을 지적한다. 그리하여 경제 또는 시장의 영역에서 약자이며 소외된 보통사람들이 민주주의라는 정치적 방법을 통해 시민권을 획득, 확대하고 그들의 삶의 조건을 개선할 수 있을 때 체제로서의 민주주의가 작동할 것이라 역설한다.[19] 백화점 판매직 노동자들이 일하면서 존중받지 못하고 감시당하는 것, 노사 관계에서 권리를 부정당하는 것은 그들의 이익만 해치는 것이 아니라 소비자와 다른 노동자들의 이익도 배제하는 것이다. 노동권과 함께 공동체 결속과 민주주의는 다함께 위협받고 있다.

백화점의 법도, '매출'

백화점에서 '매출'은 민감한 단어이다. 일은 '매출'과 따로 떨어져서 생각할 수 없다. 매장마다 목표 매출액이 정해져 있고 인센티브가 목표의 달성 여부에 달려 있다. 노동자들은 목표 달성을 위해 매진하게 된다. 이렇게 달성해서 얻은 이윤은 어디로 돌아가고 있는 것일까?

백화점은 매장 매출의 30% 이상을 '수수료' 명목으로 가져간다. 2014년도 7개 주요 백화점의 전체 판매수수료 수입은 7조 3628억 원이었다.[20] 인터뷰에서 한 여성노동자가 이맛살을 찌푸리며 말했다. "100만 원 팔면 백화점이 31만 원 가져가는 거니까 되게 높아요. 그래서 매출 없는 매장은 백화점에서 매장을 빼라고 하는 거죠"(김희진, 백화점 화장품 매장). 백화점은 각 매장에서 판매직 노동자가 올린 수익의 큰 몫을 가져가고 매출 액수가 낮은 매장은 백화점에서 쫓아내 버리는 손쉬운 방법으로 임대업을 하고 있다. "우리 같은 경우엔 백화점에서 38% 마진을 가져가요. 그런데 명품관 같은 경우엔 15~20%밖에 안 떼니까 그런 것도 차이가 많이 나죠. 웃긴 거죠. 외국 회사들한테는 수수료를 조금 받고 우리한테는 많이 받고"(정민혜, 백화점 잡화 매장).

　백화점의 높은 판매수수료 수입 문제에 대해 매스컴은 자주 지적해 왔다. "(2011년) 유통학회가 조사한 결과 의류를 기준으로 3대 백화점의 판매수수료율은 35~38%,[21] TV 홈쇼핑도 패션·의류 등 대부분 품목의 판매수수료율이 35~40%에 이르는 것으로 나타났다. …… 여기에다 판촉·특판비, 반품 처리비, 인테리어 교체비, 판매직원 인센티브 등 온갖 추가 비용을 납품업체에 떠넘기는 불공정거래 구조가 폭발적인 순이익 증가의 바탕에 깔려 있다."[22] 공정거래위원회는 대형 유통회사 대표들에게 판매수수료를 내리라고 요구하고 있다. 수수료 문제는 소비자에 대한 폭리, 해외 명품 브랜드와 국내 브랜드에 대한 차별적 수수료 적용, 들쭉날쭉한 수수료율 인상 시기 등의 문제를 포괄하고 있다. 입점협력업체들은 사실상 백화점이 원하는 때에 원하는 만큼 수수료를 올리고 있다고 호소했다.[23] 이뿐만이 아니다. 수도권 백화점들은 경쟁이 치열해지면서 보통 2년마다 한 번꼴로 실내 인테리어를 리모델링하는데, 그럴 때마다 리모델링 비용을 입점협력업체들이 떠맡게 된다.[24] 백화점 업계는 이러한 불공정 행위들에 대해 시정명령·과징금 등의 조치를 받았다. 2011년에 3대 백화점은 공정거래위원회와 판매수수료 3~7% 포인트 인하 방안에 합의했지만 바로 이행하지 않았다. 공정거래위원회는 롯데·신세계·현대 등 3대 백화점과 3대 대형마트의 매출액이 2001년 이후 최근 10년간 2.7배로 증가했는데, 순이익은 7.1배나 증가했다고 지적했다.[25] "매출 증가세와는 비교가 안 되게 폭발적으로 늘어난 순이익은 과도한 판매수수료를 비롯한 불공정 거래 문제에서 비롯한 것이다."[26]

백화점이 이렇게 불공정한 거래 조건을 일방적으로 부과할 수 있는 데에는, 독과점 형태로 존재하고 있다는 점이 크게 작용하고 있다. "백화점들이 우월한 '갑'의 지위를 악용해 '을'의 입장에 있는 중소업체들의 팔을 비틀고 있다. 3대 백화점의 시장점유율이 81%에 달할 정도로 독과점 형태를 띠고 있어 중소업체들로서는 백화점 선택권도 없다."[27] 각종 프로모션 행사, 할인 행사도 결국 모든 이익은 백화점에게 돌아가는 형국이다. 예컨대 2015년 10월에는 전국의 백화점과 대형마트, 편의점 등이 참여해 '코리아 블랙 프라이데이' 행사를 열었는데, 백화점 매출이 지난해보다 20~30%대로 늘어난 데 비해, 납품업체들의 고통은 여전했다. 할인율은 높고 균일가 행사에 참여하다 보니, 백화점에 20~30%의 수수료를 내고 나면 원가조차 챙기기 어려운 실정이다.[28]

한편, 매출과 재고 부담을 입점협력업체가 져야 하는 '특약 매입'의 비중은 2014년 국정감사 자료 기준 72.7%에 달했다. 백화점이 재고 부담을 안고 제품을 구입하는 직매입과 달리, 특약 매입은 입점협력업체가 거래 과정에서 발생하는 제품 관리비 등 각종 비용을 부담하고 재고 부담까지 떠안아야 하는 방식이다.[29] 정부가 직매입 비중을 높일 것을 장려하고 있지만, 사정은 좀처럼 나아지지 않고 있다. 입점협력업체가 부담해야 하는 비용이 늘어날수록, 여기에 고용되어 일하는 노동자들의 노동 조건은 열악해질 수밖에 없다. 부담은 결국 아래로, 아래로 내려온다.

매출 문제에 있어서 주목할 점은 소비자의 선호도가 점차 달라지는 추세에 있다는 것이다.[30] 국내 인터넷 쇼핑몰 시장 규모는 급성장해 백화점 매출 감소에 영향을 미치는 요인이 되었다. 유통 대기업들의 사업 다각화도 백화점 자체의 입지를 이전보다 축소시키고 있다.

✦ 언제나 갱신해야 하는 매출액 ✦

매출액의 기준은 늘 이전의 매출 액수이고, 올해의 매출 액수는 작년 대비 플러스가 되어야 한다. '늘 플러스가 되어야 한다'는 매출 기준은 실제로 그 한도가 정해지지 않은 '무한 이윤 추구'를 뜻한다. 실적이 좋으면 좋은 대로 다음 해에는 또 그것보다 초과 달성해야 하기 때문에, 실적은 노동자에게 벗어날 수 없는 굴레가 되어 버린다. '매출'은 민감한 단어가 되어 일상을 쫓기게 한다. 백화점 판매직 노동자는 늘상 입점협력업체의 압력을 받고 백화점의 다그침을 듣는다.

기준이 전년도 대비 플러스가 되어야 해요. 이번 달에 내가 많이 팔았어요. 그러면 그 달만 좋지, 내년이 되면 압박이에요. 작년의 나를 뛰어넘어야 하는 상황이에요. 매년 점점 매출이 올라가야 하는데 분명히 안 되는 달이 있잖아요. 그러면 당장 호출이에요. 스트레스를 받고 있는 채로 가죠. 그쪽에서는 퉁명스럽게 "왜 이렇게 안 나왔지?" 이러면 나도 안 팔린 이유를 모르겠는데 어떻게 설명해요? 어떻게 보면 고가품이고 사치품이잖아요. 경기가 안 좋아지면 제일 먼저 타격받는 게 명품들인데. 2012년도에는 계속 경기가 안 좋았어요. 1년 내내 작년 대비 마이너스였어요. 매장 사람들 모두 매달 불려 가고. 판매직 사원들은 매출이라는 단어에 굉장히 민감해요. 한 달에 한 번씩 점장님이랑 밥을 같이 먹어요. 압박이 장난 아니에요. 같이 밥 먹는 것도 미치겠거든요. 밥 먹으면서 "매출이란 건 말이야" 이렇게 이야기하고 있는데 한번은 생선찌개 먹다가 대가리가 나온 거예요. 그걸 던져 버리고 싶었어요. :: 한아름, 백화점 잡화 매장

백화점의 매출은 고전을 면치 못했다. 산업부 '주요 유통업체 매출 동향'에 따르면 백화점 3사의 연간 매출 증가율은 2013년 1.1%, 2014년 -0.7%, 2015년 -1.2%로 마이너스 성장이 이어졌다. 장기간 계속된 내수 침체, 소득 부진, 가계 부채 증가, 소득의 양극화가 백화점 매출 하락으로 이어진 것이다. 이처럼 구조적으로 발생한 '매출 부진' 현상에 대해 백화점은 노동자 개인의 매출 실적 향상을 다그치며 '쪼아댄다'.

판매 실적을 가지고 엄청 쪼죠. 매장마다 팀 매출이 있고 개인 매출이 있거든요. 저희 같은 경우는 팀 매출이었는데 한 달 목표가 3억 5천만 원이라고 하면 매니저부터 막내까지 개인별로 할당 매출을 나눠요. 막내 같은 경우는 경력도 없고 [창고 가고 하느라] 매장에 붙어 있는 시간도 많이 없으니까 매출 목표를 선배들보다 적게 잡아요. 그 안에서 자기에게 주어진 목표를 해야 하는데 못하게 되면 나 때문에 인센티

브를 못 받게 되니 다른 분들은 헛수고한 게 되잖아요. 목표를 꼭 해야한다는 압박감이 있어요. 본사에서 쪼는 것도 장난이 아니고, 본사에서 매니저를 쪼고 매니저는 다시 저희를 쪼고, 자연스럽게 스트레스가 되물림되고요. 매달의 인센티브가 있고 3개월마다 한 번씩 나오는 인센티브도 있는데, 몇 달 동안 계속 마이너스였다면 매장 분위기가 엄청 안 좋아요. 매니저가 받는 스트레스도 우리한테 오니까 악순환의 반복이죠. :: 최지은, 백화점 화장품 매장

매년, 매월마다 밀어 주는 제품이 있어요. 신제품이 나오면 한 매장당 120개를 팔아야 하는 목표를 줘요. 고객이 와서 다른 제품을 찾아도 저희 수당이 있으니까 그 신제품을 권해야 하는 상황이 있어요. 어떤 이유를 대서라도 팔아야 하는 거죠. 고객이 진짜 원하는 건 따로 있는데, 내가 팔아야 하는 제품을 조금 더 미는 경우가 절반 이상이에요. 강한 상품을 팔면 인센티브는 더 올라가거든요. 못 팔면 또 못 판 이유에 대해서 공부하고. 컴퓨터에 표 만들어 개인별 목표를 해두고 오늘까지 몇 개 팔았는지, 팔아야 하는지 계속 피드백하고. 그러니까 스트레스 받죠. 신제품 같은 게 여덟 가지 정도가 돼요. 신경을 아무리 써도 어느 한 구석에서 구멍이 나요. :: 최지은, 백화점 화장품 매장

올해 징계위원회만 예닐곱 번까지 있었어요. 예전에는 매출이 잘 나왔기 때문에 모든 게 만사 오케이야. 근데 지금은 매출이 안 나오기 때문에 FM대로 하지 않으면, 다 징계감이 되는 거예요. 예전에 하는 대

로 해도 지금은 매출이 안 나오니 문제예요. :: 유소영, 백화점 화장품 매장

매출 목표는 절대적인 것으로, 이를 달성하지 못할 경우 개인의 문제에 그치는 것이 아니다. 다른 노동자들이 받아야 할 팀 매출의 인센티브까지 못 받게 되고 승진 제한이나 해고에 이르기까지 된다.

매출을 늘리기 위한 방법

"아, 못 팔아 어떡하니! 매출 올려야 하는데. 짜증나." 매장에서 노동자들 간에 늘 듣게 되는 소리다. 이곳에서는 매출을 올리기 위해 갖가지 방법이 총동원되고 있다. 행사를 무리하게 기획해서 세일을 하기도 한다. 백화점 매출은 바겐세일 기간에 크게 오르기 때문이다. 백화점 판매직 노동자들은 단골고객들에게 텔레마케팅 작업을 하기도 한다. 심지어 자기 돈과 카드로 상품을 사두고 매출이 올라가면 구입 취소를 하는 방법까지 동원한다(일명 '가매출'). 담당 바이어들은 매출을 위해 편법으로 가매출을 하라고 직원들에게 대놓고 요구하기도 한다. 단골고객의 묵인하에 실제 결제일을 다음 달로 미루는 '외상 결제'를 하거나 매니저가 가지고 있는 상품권을 동원해 매출을 메우는 때도 있다.

매출을 찍었다가 빼고, 현금을 넣었다가 빼고 그래요. 스트레스가 되죠. 맨날 돈이 있어야 되고요. 카드 돈이 없으면 매니저 못 한다고 해요. 내가 먼저 쓰고 본사에 말해서 받기도 하지만 못 받는 돈도 있어

요. 알바비 명목으로 청구하는 방법도 더러 있는데, 사실 쓸 수가 없어요. '매출도 없는데 알바를 썼냐? 어디 행사를 했는데 알바를 썼냐?' 그러면 할 말이 없어요. 그래서 가매출이라는 걸 찍어요. 매출이 없으면 사무실에서 부르고, 그게 싫으니까 매출이 일어난 것처럼 일단 찍고 보자. 그러다가 나중에 매출이 좋은 날 빼는 거죠. 나만 그러는 게 아니고 대부분 그렇게 해요. 장사가 안 되는 날이 있어요. 그러면 민망하니까 찍는 거죠. 직원들 사기 높이기 위해 매니저들이 개인 돈 써서 밥도 사주면서 그렇게 유지해 가는 거예요. :: 정민혜, 백화점 '잡화 매장

매출 목표 채우려고 직원들이 결제하는 경우도 있어요. 매니저님에 따라 다른데, 얼마 전에 본사에서 인센티브를 더블로 준다고 건 거예요. 원래 45만 원 나오는 건데 105%를 달성하면 90만 원 나오는 걸로 한 거예요. 매장 인원 네댓 명인데 100%는 달성했는데 그 5%인 몇 백만 원이 모자란 거예요. 그래서 매니저가 한 사람당 90만 원씩 카드 결제하라고 했어요. 그러면 어차피 90만 원 들어올 거 90만 원 나가면 같은 셈이니까. 실적은 실적대로 올리지만 우리는 실은 플러스 마이너스 0인 거죠. 직원들 입장에서는 솔직히 싫잖아요. 아무리 받는다고 해도 한 번에 90만 원 나가는 걸 강요하니까. 그리고 시상금 인센티브가 제때 바로 안 들어와요. 월급 들어올 때 딱 들어오면 참 좋은데 3개월 있다가 주거나 쭉쭉 지체가 되니까 직원들은 불만인 거예요.

:: 최지은, 백화점 화장품 매장

아침 조회 때 바이어가 얘기를 해요. [정해진 특정 날짜를 언급하면서] "그날 매출에 집중해 달라, 가매출 잡아 달라." 이렇게 대놓고 얘길해요. "찍어 달라" 이런 식으로. 바이어도 그날, 그 목표를 달성해야 뭔가 고과가 있는 건지는 모르겠지만, 그러면 그날 매출이 나와 줘야 되거든요. 적어도 작년에 행사했던 매출보다 많이 나오거나, 똔똔[같은 액수의 매출]이 되더라도, 그 이하로 떨어지면 안 되는 거예요. 그러면 그날 매출이 좀더 나올 수 있도록 이월을 시켜요. 오늘 판 거 좀 이월해서 그날 집중해서 매출을 찍죠. 백화점들은 월초에 매출이 나와 줘야지만 월말까지 간다고 생각해요. 월초에 무조건 매출에 집중을 해줘야 한다고. 그래서 행사도 항상 월초에 잡고요. :: 정혜란, 백화점 화장품 매장

"온리 매출, 온리 매출"

백화점 판매직 노동자들은 백화점에서 직접 고용한 노동자가 아니지만, 백화점은 노동자들에게 매출에 대한 압박을 직접적으로 행사한다. 입점협력업체 본사뿐 아니라, 백화점 측에서 직접 받는 압박은 매장의 분위기를 지배한다. 매일 있는 조회 시간과 지시 전달 등에서 매출을 늘리라는 재촉은 상시적으로 일어나고 있다. 백화점 측은 매출을 관리하며 매장별로 월 목표를 세우고 매니저들을 따로 소집해 조회를 하면서 매출 신장을 요구한다.

백화점 측에서 작년보다 매출이 없다고 얘길하면서 매출에 주력을 다해 달라고 조회 시간마다 이야기해요. 금년[2013년]에 불황이다 보니

까 내년에 더할 거라고 하더라구요. 사람들이 매장에서 비싸서 안 사고 행사장에서 이월로 나온 상품을 거의 많이 구매하다 보니까 매장 매출이 안 오르죠. 백화점에서 설정한 월 목표도 있고, 못 채우면 매니저들을 따로 불러서 조회를 해요. 매니저들이 많이 안 팔고 싶어서 안 하는 건 아니잖아요. 맘대로 안 되는데 계속 쪼는 거죠. 그 이후엔 매니저가 직원에게 차례대로 책임을 다그치며 내려와요. "고객 한 사람도 놓치지 말라"고. 근데 고객한테도 무턱대고 팔면 나중에 환불이 돼요. 더 마이너스가 돼서 안 좋은 것 같아요. 실적 중 조금 모자란 금액을 채우려고 매니저들이 찍는 경우가 있어요. 점측의 담당들이 일부러 찍으라고 한대요. 일부러 찍어서 나중에 그 금액을 빼는 거는 굉장히 힘든 것이거든요. 그다음 달에 매출이 잘 나오면 나중에 환불 취소하는 경우도 있고, 거의 실적을 위해 매출을 달성하는데 이건 아닌 것 같아요. :: 이은영, 백화점 의류 매장

층마다 담당 바이어가 있어요. 매장에 매출이 없을 때, 그 백화점의 바이어들은 매니저를 쪼아요. "어떻게 좀 해봐라." 매출 없어도 매니저를 쪼고, 다른 직원들이 맘에 안 들어도 매니저를 쪼고, 계속 매니저를 잡고 흔드는데, 와서 "매니저님, 요즘 매출이 많이 떨어지네요" 막 이렇게 얘기를 해요. 암튼 매니저들은 상황 파악이 되니까, 이렇게 했다 하면 "아, 예" 하고 돌아가서, "행사 준비해라, 뭐 해라, 뭐 해달라" 이걸 본사에 직접 전화를 하는 거죠. 어떤 백화점은 본사에 직접 연락을 해요. :: 정혜란, 백화점 화장품 매장

"소파가 찢어지든지 발이 하나가 휘든지 신경도 안 써요. 'ONLY 매출' 그런 거죠"(정혜란, 백화점 화장품 매장). 백화점의 팀장이 매장의 매니저에게 모욕적으로 폭언하며 매출을 압박하는 것은 일상이다. 매출만이 중요하기에 노동자는 '발이 휘든지' 건강이 상하든지 상관할 바 아니다. 매출에 대한 압박은 '악몽'과 같은 것이다. "백화점은 잔인해요. 사람을 기름틀에 쥐어짜면 무언가 나온다고 생각하는 곳이에요. 날이면 날마다 악몽 그 자체예요. …… 매출 목표를 달성하려면 가랑이가 찢어져요"(문수연, 백화점 식품 매장). '악몽'이라고 말할 때, 그 전까지 또렷하던 그녀의 목소리가 낮아졌다. 일상을 지배하는 긴장이 느껴졌다. 백화점 노동자들은 매일매일 그 악몽 같은 일터로 향한다.

새로운 업무들 : 노동시간의 연장과 강화

백화점은 매출을 늘리려고 고객을 자주 초대해 점심 대접을 하고 콘서트를 연다. 그리고 자신들이 낸 일부 판촉 비용까지 철저히 계산하여 매장의 매출 증대로 이어질 것을 요구한다. 간접고용된 판매직 노동자들은 자신의 사비로 일부 비용을 충당하기까지 하면서 매출 신장에 동원되고 있는 것과는 대조적인 모습이다.

고객들을 식사 초대한다거나 메이크업 쇼를 하면 그때는 매출이 왕창 나와야 돼요. [매출을 만들기 위해] 그전에 왔던 손님들을 인프린팅[수동으로 전표를 찍는 작업] 해가지고 나중에 그 행사 날을 위해 가매출 이월을 했어요. 그날 매출이 만약 1억이 나왔다고 하면, 1억이 순수하게 그날에만 나온 매출이 아니라 그전부터 이렇게 해놓은 거예요. 저희는 이 행사 때문에 너무 스트레스를 받았어요. 그래서 그런 것들을 이월하지 말자고 하면, 백화점에서는 그날 매출이 나와야 되니까 가매출이라도 찍으라고 저희한테 얘기를 하거든요. 근데 그거를 찍으면 나중에 또 취소를 해야 하잖아요. 굉장히 매출 압박이 있어요. 정말 주마다 계속 불러서 사람을 괴롭혔거든요. 얼마나 시시콜콜하게 막 진짜……. 저희는 이제 노동조합이 있으니까, "저희 회사는 규정상 가매출 못 잡게 되어 있고, 이월이 안 됩니다"라고 브랜드들이 다 모여 같이 가서 백화점에 요구해요. :: 유소영, 백화점 화장품 매장

노동조합이 조직되어 있는 업체의 매장들은 매출 목표 증액에 제한을 가하고 가매출을 금지하여 노동 강도와 매출 압박을 줄이려는 노력들을 기울이고 있고, 이는 조합원들에게 울타리가 된다. 그렇지 않은 상황에서 노동자 개인이 카드로 돌려막는 식의 가매출은 결국 개인적인 빚이 쌓이는 결과를 낳기도 한다. 카드를 쓰고 이를 뒷감당하는 것이 시기적으로 맞지 않게 되면 지출과 수입이 어긋나면서 빚은 점점 더 불어나는 것이다. 일을 하면서 불어나기 시작한 빚이 걷잡을 수 없이 커지게 되었을 때, 노동자는 깊은 절망 속에서 극단적으로 목숨을 끊고 싶다는 생각까지 하게 된다.

백화점 일하면서 10년 전부터 조금 조금씩 빌렸던 것이 작년에 1억이 되었어요. 100만 원, 200만 원, 300만 원 쓰던 것이 불어서 불어서 사

채까지 썼어요. 그러다 보니 이자만 200만 원이 나가는 거예요. 내 월급이 다 나가는 거죠. 숨이 턱턱 막혀요. 잠이 너무 안 오고 힘들었어요. 말은 못 하고 너무 힘들었어요. 그래서 수면제를 먹었어요. 일을 나가야 하니까요. 그런데 비몽사몽간에 내가 일기를 써 놓은 거예요. 죽어야 된다는 생각에. 돈을 갚을 능력은 안 되고 남편에게 말을 하자니 남편을 죽이는 것 같고요. 만약에 300만 원을 빌렸어요. 못 갚았어요. 그러면 또 300만 원을 빌려요. 못 갚았어요. 자꾸 빌려서 돌려막기만 한 거죠. :: 정민혜, 백화점 잡화 매장

이뿐 아니다. 매출을 늘리기 위한 노력은 점점 더 치열해진다. 매장 판매뿐 아니라 텔레마케팅도 같이 해서 매출을 늘려야 한다. 콜센터 직원처럼 멘트를 하나하나 모니터 당한다.

저희는 텔레마케팅(TM)도 하거든요. 이거 스트레스가 장난이 아니에요. 솔직히 행사한다는 전화를 하려니, 하는 나도 싫고, 다른 사람들도 다 싫어하는 거 아는데 하려니까 힘들죠. 예를 들어 금·토·일 행사면 월요일부터 목요일까지 TM을 진행해서 예약 고객을 잡아야 해요. 1장당 고객 30명 정도 있는 명단을 10~15장을 줘요. 그럼 거의 다 전화를 뚝뚝 끊고, "바빠요" 하는 사람, 아예 안 받는 사람, "전화하지 말랬잖아요" 하면서 화를 내는 사람도 있죠. 예약 고객 잡는 게 어려운데 그걸 못 잡으면 혼나니깐 또 스트레스고요. 본사에서 시키니까 중간에서 스트레스죠. 매달 월초 행사를 하면 그 주에 꼭 전화를 하거든

요. 혹시나 그 주 목표 매출이 안 나왔다 하면 그다음 주에 또 TM을 하구요. 그러다 진짜 목표가 클 땐 심한 경우는 한 달 내내 TM 하는 경우도 있구요. 그러는 경우에는 기존에 안 받았던 사람까지 다 포함되는데 3, 4주째 되면 전화 걸 사람이 진짜 없어요. 반은 싫다는 사람, 반은 이미 '사겠다, 안 사겠다'는 사람 이런 식으로 다 결정 났는데 그 명단 그대로 전화하라고 하니까 스트레스 많이 받고, 전화하다가 진짜 잘못 걸리면 계속 욕 듣고 있는 때도 있고, 그러면 또 죄송하다고 사과만 하고, 기분은 계속 상하고. :: 최지은, 백화점 화장품 매장

월말과 월초에는 텔레마케팅을 하는데, 15일 안에 전체 매출의 절반을 '빼야' 하기 때문이라고 했다. 매장 일을 하면서 동시에 텔레마케팅을 해서 매출을 채워야 하므로 월초에는 휴무를 쉴 수 없다. 텔레마케팅을 해야 하는데 매장에 다른 직원이 없으면 자연스럽게 자신의 휴무가 '잘리게' 되고 특근까지 해야 한다. 매출 압박을 강하게 할 경우, 모든 직원들은 휴무인데도 나와서 텔레마케팅 업무를 하기도 한다.

명품관의 경우 백화점에서 연 5천만 원 이상을 결제한 VIP 고객을 대상으로 한밤중에 '나이트파티'라는 행사를 열기도 한다. 나이트파티는 백화점 영업시간 종료 이후, 초대받은 VIP들만 한적한 분위기 속에서 쇼핑을 할 수 있도록 고안해 낸 행사이다. 이 행사는 정기 퇴근시간 이후에 열리기 때문에 비정기적인 나이트파티가 있는 날이면 노동자들은 하루 12시간을 서 있게 된다. 모 백화점 마케팅 담당자에 따르면 평소보다 5배 이상의 매출을 올리기 때문에, 이 행사는 포기할

수 없다. 그러나 추가수당 등 노동자들에게 돌아가는 몫은 없고, 추가적인 노동을 감내하는 것은 노동자 개인이다. 아래는 이 같은 나이트 파티의 풍경을 묘사한 기사의 내용이다.

영업시간 종료. 하지만 본격적인 영업은 이제 시작이었다. 백화점 후문이 슬머시 다시 열렸다. 초대권을 가진 이들이 하나둘 들어갔다. 초대받은 자들만 누릴 수 있는 '쇼핑 파티'다. 턱시도를 차려입은 직원이 손님을 반겼다. 파티 시간은 저녁 8시 30분부터 밤 10시까지. 초대받은 이들은 백화점에서 연 매출 5천만 원 이상을 결제한 우수고객 400여 명이다. …… 초대받은 우수고객이 선택받은 자만의 여유, 있는 자만의 사치를 누리는 그 시간은 백화점 판매원의 잃어버린 '시간 주권'이다. 백화점 노동자는 하루 9시간을 서서 일한다. 백화점이 비정기적인 나이트 파티라도 하는 날은 12시간을 서 있는다. 이 백화점에서 일했던 최소영(가명) 씨는 "파티가 끝나고 영업 마감을 하고 나면 서둘러 집에 가도 밤 12시를 넘는다"며 "다음날 또다시 서서 일하다 보면 다리가 후들거린다"고 말했다.[31]

✦ 매출 압박의 결과 ✦

감정노동의 강화

매출 증대 압박으로 노동자들이 수행하는 감정노동의 강도는 더욱 세진다. 백화점 노동자가 10분, 20분 응대해도 상품을 사지 않은 고객은 당장 매출을 올려야 생존할 수 있는 백화점 노동자의 절박한 시간을 빼앗은 것이 된다. 매출에 쫓기는 마음에 표정이 한 번 일그러지면 바로 클레임이 걸린다. 어떤 상황에서든 웃지 않으면 안 된다. 매출 신장에 대한 압박은 감정노동을 더욱 가혹한 것으로 만든다.

오래 응대한 고객이 안 사 가면 그 스트레스가 장난 아니에요. 메이크업을 해주었는데 안 사 가면…… 10분 응대해도 오래 한 거예요. '안 산다' 그러면 그 표정을 어떻게 감출 수가 없어요. 거기서 클레임이 많이 걸리죠. 백화점에서는 비구매 시에도 표정 변화 드러내지 말라고 하는데, 자꾸만 많이 팔라고 그러면서 어쩌라는 건지. 백화점에서 일하다 보면 스트레스가 안 풀리다 보니까 모든 고객을 다 욕하게 되는 것 같아요. 그렇게라도 안 하면 제 안에 그대로 있는 거니까.

:: 김지혜, 백화점 화장품 매장

매출이 안 나오다 보니까, 백화점에서 서비스에 더 집중을 하는 거예요. 멀리서 오는 고객하고 눈만 마주쳐도 인사를 하게 만드는 거예요. 그러면 고객이 "나 알아요?" 그래요. 이 사람도 이상한 거고, 인사하고 있는 나도 좀 멀뚱멀뚱한 거고. 인사를 받는 사람도 어색해하는데 그런 걸 안 하면 패널티를 주고. 미스터리 쇼퍼 같은 것도 많잖아요. 몰래 검사 나오잖아요. 쓰잘데기 없는 그런 게 무슨 소용이 있냐고요, 서로 불편한 그런 모양이…… 그렇게 인사한다고 해서, 우리 물건 사러 오지도 않은 사람이 들어와서 사나? 인사한다고? 그건 아닌데. 너무 오래된 옛날 방식을 갖다가 쓰고 있는 거죠. 문제인 거예요.

:: 유소영, 백화점 화장품 매장

실적에 대한 압박 때문에 고객이 부당하게 해도 참게 되죠. 어떻게든 이 사람의 마음을 움직여서 판매를 끌어내야 되기 때문에. 만약 이 고객이 나를 힘들게 하더라도 "네네" 이러면서 다 수용해 줘야 되고 받아 줘야 되고, 그게 바로 감정노동인 거죠. :: 윤강희, 면세점 화장품 매장

소설가 황정은은 백화점 판매직 여성노동자의 일상을 다룬 단편 소설 「복경」에서 노동자의 웃음을 "웃고 있는 직선"으로 표현했다. 내면이 일그러지고 구겨지더라도 입만은 팽팽하게 당겨진 직선처럼 웃고 있어야 하기 때문이다. "별의별 상황에서 별의별 사람을 겪습니다. 특별하게 지독한 경우엔 공손하게 모은 손으로 아랫배를 꾹 누른 뒤 내가 방금 스위치를 눌렀다고 생각합니다. 그 간단한 조치로 뭔가, 인간 아닌 것이 있다고 생각할 수 있게 됩니다. 뭔지 모르게 인간 아닌 것이 소리를 내고 있다, 라고 생각해야 흉측한 상황에서도 끝까지 웃으며 제대로 서 있을 수 있습니다."[32] 소설 속에 그려진 상황은 매출 압박으로 인해 더욱 심해진다. 이처럼 노동자의 실제 감정과 일터에서 요구하는 감정 표현 규범이 충돌할 때 감정 부조화가 일어나는데, 많은 노동자들이 고객을 응대하는 과정에서 마음이 손상되는 경험을 하고 있다. 1,138명의 유통업 종사 노동자들을 대상으로 '감정 부조화 및 손상' 항목을 평가했을 때, 57%가 위험군에 속했다.[33]

매출 경쟁에 새우등 터지는 노동자들

매출에 대한 압박은 고객 응대 시 서비스를 수행하는 과정에도 영향을 미치지만, 매장 내 분위기와 인간 관계, 매장 간 구도에도 영향을 미친다. 매출 경쟁은 매장 내, 매장 간 인간 관계를 경쟁 관계로 만들고 악화시킨다. 매출 달성과 각자도생을 위해 일터는 수시로 싸움까지 벌이는 각축장이 된다. 개인의 실적만을 따지게 되었을 때 동료 의식은 사라질 수밖에 없다.

직원들 사이에 싸움 많죠. 저희가 행사를 해도 서로 다 붙어 있잖아요. [다른 브랜드 매장에서] 한 발자국만 내디디면 저희 브랜드예요. 고객님이 가운데에서 왔다 갔다 해요. 그러면 직원 같은 경우에 내가 팔아야겠다는 게 본능적으로 나와요. "아, 고객님. 여기 예쁜 것 많아요." 그렇게 말을 걸면 저쪽에서 기분이 나쁘죠. "여기에서 다 보시고 있는데 니가 왜 손님을 뺏냐?" 이런 식으로 엄청 싸우죠. 고객 유치하려고 싸우고. 제일 많이 싸우는 것은 자리 싸움이에요. 행거를 진열했어요. 여기는 자리가 좁고, 저쪽은 자리가 넓어요. 그런데 자리 넓은 직원이 자기 자리가 많은데도 자꾸 이쪽으로 와요. 그럼 이쪽은 좁아터져 죽겠는데 힘들죠. 아침에 오픈하기 전에 머리채 잡고 싸우는 거죠. 치고 박고 하는데 장난 아니었어요. 다 같이 모여서 싸움을 말리는데 결국 크게 싸우면 한 분은 그만두게 돼요. 같이 마주보고 일할 수가 없어요.
:: 박정아, 백화점 잡화 매장

팀 매출이긴 한데 그 안에서 매니저가 개인 매출을 정해 줘요. 근데 막내부터가 이미 많이 팔아야 했어요. 막내가 많이 팔면 그 윗사람은 막내보다 더 많이 팔아야 하는 그런 게 있어요. 직원끼리 고객을 낚아채기도 하고, 고객에게 인사를 누가 먼저 하면 뒤에서 다른 직원이 "내가 가겠다"고 잡아요. 그런 경우 많아요. 응대하고 구매까지 결정 났는데 둘째 선배가 와서 "나 아직 실적 못 채웠는데 너가 왜 팔고 있냐?"고, 계산은 자기가 맡아 버리고. 싫은 경우가 많아요. 옆 매장이랑은 별로 안 친하게 지냈어요. 말이 너무 많아요. 서로 모함도 하고.

:: 김지혜, 백화점 화장품 매장

개인 매출의 경우 내가 많이 팔아야지 내 인센티브가 늘어나는 건데, 색조화장 쪽은 치열하더라구요. 무조건 인사도 먼저 해야 하고, 옆에 있다가도 낚아채 가는 경우도 있고, 내가 인사해서 응대도 다 끝냈는데 갑자기 옆에서 선배가 뭐라고 하는 경우도 있고, 경쟁이 심하죠. 계속 쌓아 두다가 오픈 전에 소리 지르다 나가는 경우도 있고 마감하고 싸우는 경우도 있고 해요. 시기, 질투, 규율도 센 곳이에요. 백화점에서 샘플 쿠폰 나눠 주는 거 하잖아요. 그건 매출 올라가는 게 아니니까 막내만 시키는 선배들도 있고. 그동안 선배는 매출 실적 올리고, 막내는 실적 못 채우면서 샘플만 나눠 주고. 그러다 나중에 실적 안 되면 또 혼나죠. :: 최지은, 백화점 화장품 매장

매장 내의 '시기, 질투, 규율'은 이들을 경쟁시켜 최고의 매출을 가

려내고 또다시 혹독하게 기준을 상향 조정하는 경영 방침에서 비롯된 것이다. 이들은 제한된 손님과 후퇴하는 경기로 인해 떨어질 수밖에 없는 매출을 증대시키기 위해 한정된 자원 속에서 서로 몸부림치며 싸운다. 일자리를 지키기 위해 그들은 살벌하게 경쟁하도록 내몰린다.

가장 많이 보는 게 가족보다 직원들이에요. 근데 여기는 고도의 스트레스, 매출 스트레스라는 게 있잖아요. 매출이 잘 나오면 차라리 몸이 힘들어도 어떻게 이겨 나가겠는데, 매출이 올해가 최악이에요. 매출이 없으니까 회사 눈치 보지, 매장 직원들 눈치 보지, 우리 직원들끼리 서로 스트레스가 되고, 그래서 이게 병이 되기도 하는 거예요. 가끔 쓰러져서 119에 실려가는 사람들도 있어요. :: 정민혜, 백화점 잡화 매장

매니저들끼리 싸운 적 되게 많아요. "손님이 왔는데, 너 왜 말 안 해줬냐?" 이런 식으로. 우리 매장에 손님이 왔다가 갔는데, 그걸 염탐해서 손님이 뭘 원했나 보고, 자기네 매장에서 그 비슷한 걸 팔려고 하는 경우도 있고. 손님 데려가는 것 말고는 싸움이 있을 게 없죠. 화장실 가도 옆 매장에서 안 봐 줘요. 손님을 자기네가 끌어올 수 있는데, 내가 왜 쟤네 매장을 봐 줘야 되냐 이거예요. 직원이 화장실 갔을 때 손님이 왔는데 옆 매장에서 모른 척해요. :: 주은아, 백화점 의류 매장

시즌이 끝날 때는 자리 때문에 한 번씩 말이 나와요. 시즌 6개월 내에 매출이 좋은 곳부터 자리를 골라라 이렇게 나오니까. 그 매출 순위에

따라 자리가 뒤가 될 수도 있고 앞이 될 수도 있어요. 앞자리가 손님을 많이 만날 수 있고, 매출이 잘 나오는 집이에요. 자리는 매출에 따라 결정되는 거예요. :: 정민혜, 백화점 잡화 매장

한편 동기 부여의 효과적 수단으로 인식되고 많은 기업들에서 도입되고 있는 인센티브의 경우, 개개인의 이익을 앞세우기 때문에 동료 관계를 해치는 등의 부작용이 있다고 비판하는 이론가들도 있다.[34]

매출만 좋으면 다 허용돼요. 직원 간 협동 능력이 떨어지거나 관계에 불화가 있거나 근무 태도가 안 좋아도 매출만 좋으면 모든 것이 다 허용이 되죠. 매장 간 경쟁 구도가 너무 심하니까 이런 부분에서는 백화점 관리직들이 어느 정도 중재를 해주면 좋겠어요. 적어도 매장에서 동료랑 싸우는 일은 없었으면 좋겠어요. :: 문수연, 백화점 식품 매장

매출 부분에서 코드번호 입력해서 알아보는 게 있어요. 그걸 직원끼리 안 가르쳐 준다든지, 아니면 안 가르쳐 줬는데 옆 매장에서 우리 매장 실적을 알아본 걸 알게 됐을 때 빈정 상하는 부분도 있고. 서로 기분 상하는 상황이면 그쪽 브랜드 고객들 서로 상대 안 하는 거죠. 매뉴얼대로는 서로 봐줘야 하기 때문에 봐주는 척은 하는데 탈의실에서 만나도 그냥 바닥 보고 지나가고. 다른 브랜드 사람이랑 친해진다고 하면 문제예요. 자기 브랜드에서는 눈 밖에 난 사람이 되기 때문에.

:: 한아름, 백화점 잡화 매장

개인 매출이어서 같은 매장 동료들과 경쟁을 하죠. 행사를 하다 보면 매출이 더 올라가긴 하는데 못 쉬어요. 쉼 없이 일을 해야 하니까. 백화점에서 많이 싸웠어요. 좀 작은 백화점에는 매장이 다닥다닥 붙어 있고 한 고객을 두고 서로 끌어가려고 치열하게 눈치 보고 경쟁해요. 그러다 싸우면 둘 다 잘리는 경우도 있고. 갈등이 생기면 둘이서 해결을 해야 하는데 서먹서먹해지는 거죠. 제가 일할 때 옆 매장에 중년 여성 판매원들이 있었어요. 우리 물건을 보고 있는데도 고객을 정말 끌고 가요. 그 사람들이랑 여러 번 싸웠어요. :: 이은영, 백화점 의류 매장

매출 압박은 백화점 판매직 노동자들을 가장 힘들게 하는 것이다. 나이가 들수록, 일할 수 있는 곳이 여기밖에 없다는 생각이 들수록 그 몸부림은 더 처절해진다. 매장 안팎의 각박한 관계 속에서 그 스트레스는 "풀릴 만한 틈이 없"다. 이처럼 무한한 스트레스와 과로 속에서, 기계가 아닌 사람은 어떻게 되는 것인가?

고된 노동의 종착지, 죽음

올해 사람들이 많이 죽었어요. 백화점 사람들이 뛰어내렸어요. 왜냐하면 매출이 없으니까요. 백화점이 "너 왜 이렇게 매출이 없어? 찍어! 찍어!" 하면 매니저들은 500만 원이고 1000만 원이고 [개인 카드를 이용한 가매출을] 찍어야 하는 거예요. 특히 의류 같은 경우는 여성복이고 남성복이고 자기네들 목표량이 있어요. 목표가 달성돼야 백화점이 수수료를 먹는 거니까, 백화점 수수료를 채우려면 매출이 있어야

하니까 "찍어" 그러는 거죠. 그러다 보면 찍는 게 한계가 오는 거예요. 그러면 내가 돈이 없으면 끌어다 써야 되고. 사채라든지 융자라든지 끌어다 쓰면 부담이 되잖아요. 게다가 이자 나가야 되고 이중고예요. 이쪽[백화점]에서는 막 쪼아대지요. 카드 긁으라고 해서 미리 긁었는데, 어디서 빼낼 곳은 없고, 카드회사에서는 돈 갚으라고 하지요. 그래서 이중고로 사람들이 막 죽는 경우가 있는 거예요. 의류 같은 경우는 기본[옷값]이 몇십 만 원, 몇백 만 원 하니까 힘들어요. 그래서 또 뛰어내렸잖아요, 참 많이. :: 정민혜, 백화점 잡화 매장

2013년 4월 21일, 롯데백화점 C지점에서 한 의류 브랜드 매니저가 투신해 목숨을 끊었다. 백화점 화단으로 몸을 던진 그녀가 파트리더에게 보낸 마지막 문자는 "사람들 그만 괴롭히세요. 대표로 말씀드리고 저는 떠납니다"라는 내용이었다. 그보다 앞선 2013년 1월 20일, 롯데백화점 G지점에서 일하던 직원이 퇴근 후, 고층 아파트에서 투신 자살했다. 그들의 죽음은 매출과 해고 압박에서 비롯한 것으로 언론에 보도되었다.[35]

또다시 2013년 7월 9일, NC백화점 S지점 액세서리 매장에서 일하던 한 입점협력업체 직원이 집에서 자살했다. 유서에는 다음과 같은 말이 쓰여 있었다. "많이 힘들었고 많이 참았다. 더 이상 백화점 일을 하고 싶지 않다." 그녀는 죽기 3시간 전에 백화점 측으로부터 서비스 모니터 점수를 통보받았다. 백화점에서 선발한 모니터 요원이 손님으로 가장해 점검한 서비스에서 그녀는 낮은 점수를 받았다. 점수

를 통보받고, 그녀는 3시간 후에 스스로 목숨을 끊은 것이다. 그녀와 가까웠던 지인은 인터넷 게시판에 이렇게 썼다. "동생이 백화점 일을 혼자 도맡아 하며 많이 힘들어했다. 어떤 손님에게는 시계를 60번까지 채워 준 적도 있단다. 행사가 있는 날이면 아침 8시에 출근해서 밤 11시, 12시까지 일하는 것이 부지기수라고 했다. 이번 일이 또 흐지부지 넘어가 버리면 앞으로 또 일어나지 않을 거란 보장도 없고, 죽은 동생이 너무나도 그립고 미안하고 불쌍하다."[36]

끝없는 매출 압박과 서비스 노동 강도의 강화. 이로 인해 결국 어떤 노동자는 죽는다. 그들이 마지막으로 남긴 말들은 자신을 죽음으로 몰고 간 원인을 지목하고 있다. "사람들 좀 그만 괴롭히세요", "더 이상 백화점 일을 하고 싶지 않다". 무한한 매출 증대는 사람이 달성할 수 있는 목표가 아니다. 독과점화된 기업의 허깨비 같은 이윤 추구에 생계를 위해 일터에 온 노동자가 희생당한다. 진땀을 흘리며 웃고, 타 들어가는 심정으로 고객을 응대하던 노동자는 자꾸만 밀리고 밀려 결국은 출구가 막힌 듯한 깜깜한 자리에 놓이게 된다.

"더 이상 자살하는 사람이 없었으면 좋겠어요. 너무 안됐어요." 인터뷰에서 만난 여성노동자들이 우리에게 말했다. 그녀들은 동료가 왜 죽었는지 이유를 알고 있었다. 말하지 않아도 공감하고 있었다. 그리고 그 이유를 자신의 경험에 비추어 대신 알려 주고 싶어 했다.

그녀들은 매출에 따라 서로 경쟁하고 고립될 것을 강요받았다. 또한 백화점의 과도한 수수료 책정 횡포, 그리고 그로 인한 실적 압박에 속수무책으로 시달려 왔다. 그해 매출이 좋았다고 할지라도, 좋아할 수만은 없었다. 전년도의 매출액을 갱신하라는 압박이 기다리고 있었다. 경기가 불황이니 백화점의 매출도 당연히 떨어질 수밖에 없는데, 백화점은 그 책임을 개인의 노력 부족으로 지목했다. 매출을 늘리기 위해 온갖 편법을 쓸 것을 강요받으며, 그녀들은 경제적으로 감당하기 어려운 상황에 몰리기도 했다. 또 매출을 늘리라는 압박은 일상적인 모욕으로, 재촉으로, 의도적인 상처 주기로 계속되었다. 그녀들은 이런 상황 속에서도 웃어야 했다. 괴로움에 떠나 버린 이들도 있고, 다른 한편 생계 때문에 참고 힘들어하며 남아 있는 노동자들도 있다.

경쟁을 잠시 멈추고 자신들의 노동에 대해 이야기하던 자리에서, 그녀들은 다른 동료 노동자의 고통과 마주할 수 있었다. 백화점에서 물건을 구매하는 고객들 또한 이제 이러한 고통과 마주해야 할 시간이다. 백화점 노동자들의 숨은 얼굴을 보지 못한다면, 우리는 긴 쇼핑의 시간 동안 결국 한 사람도 만나지 못한 것이다.

3부
⋮

**백화점
공간의
이면**

하나의 공간, 두 개의 세계

쇼핑객을 위한 광활한 공간에 비하면 노동자들에게 허락된 공간은 믿을 수 없을 만큼 협소하고 어두컴컴한 곳이다. 백화점이라는 한 공간 안에서 고객과 직원은 다른 길로 다녀야 하며, 엘리베이터에서 서로 마주치지 않아야 하며, 같은 화장실을 사용해서도 안 된다. 직원들은 매장 안에서 고객을 기다리고 응대하는 모습 이외에 어떤 것도 공식적으로 드러낼 수 없다. 한 백화점 여성노동자의 말처럼, "직원은 사람이 아니다".

나는 백화점 지하 1층 식품 매장에서 초콜릿을 팔았다. 빛도 없고, 종일 서 있으면 다리가 아프던 곳. 일하다가 나는 휴식시간이면 흡연구역을 찾아 답답한 마음을 달래며 담배를 피웠다. 식품 매장팀의 휴게공간은 더 깊은 지하인, 폐기물 처리구역 옆에 조그맣게 자리 잡고 있었다. 3평 남짓한 공간 가운데에는 재떨이들이 있었고, 벽 쪽으로는 딱딱한 나무의자들이 놓여 있었다. 어두웠고, 벽에는 '고객을 감동시키는 친절인사 세 번' 따위의 포스터가 가득했다. 확실히 나는 그 공간에서 행복하지 않았다. 식품 매장에서 사람들에게 깔깔거리며 초콜릿을 팔던 나는 그 휴게실에서 무덤덤한 표정으로 담배를 피웠다. 그리고 내 머리 위에 있던 1층 VIP 라운지의 따스한 조명을 생각했다.

:: 신필규, 우다다액션단 수기 중에서

✦ 미비한 휴게공간: "찢어진 소파에 앉아" ✦

한국여성민우회의 2014년 백화점 모니터링은 시민들이 모여 발족한 '우리가 간다! 바꾼다! 우다다액션단'의 자발적 참여를 중심으로 진행됐다. 백화점을 '존중'이 오가는 일터로 변화시켜야 한다는 취지에 공감한 우다다액션단과 한국여성민우회의 전국 5개 지부(고양파주여성민우회, 광주여성민우회, 군포여성민우회, 서울남서여성민우회, 원주여성민우회) 회원들도 모니터링에 참여했다. 이들은 백화점에 직접 방문하여 매장, 화장실, 휴게공간, 직원용 공간을 둘러보고 체크리스트와 사진으로 그것을 기록했다. 백화점 모니터링은 2014년 6월부터 8월까지 세 달간 진행됐고, 446부의 체크리스트가 작성되었다. 주요 업체인 롯데백화점, 신세계백화점, 현대백화점을 모니터링의 주 대상으로 삼았다. 우다다액션단은 일하는 사람들에 주목했고 숨겨진 일터의 모습을 목격할 수 있었다. 이후 한국여성민우회는 '백화점에는 사람이 있다' 캠페인을 진행했다. 고양파주여성민우회는 지역 백화점의 노동 환경을 조사하여 세 차례의 워크숍을 개최했고 지역에서 좋은 여성일자리 만들기에 대한 접근으로 문제의식을 확장했다.

우다다액션단은 백화점의 지하층부터 13층까지 직접 다니며 살폈고, '스태프 온리'라고 적힌 금지된 구역 안에도 들어가 노동자들이 일상적으로 접하는 공간의 실태를 조사하고 세상에 드러내 보였다.

백화점에는 고객을 위한 휴게공간이 다양하게 있었다. 놀이방, 파우더룸, 남성 휴게실 등 고객들은 그곳에서 쾌적하게 쉴 수 있었다. 그러나 직원용 휴게공간은 노동자 수에 비해 그 공간의 수가 절대적으로 부족했다.[1] 직원 휴게공간에 소파 하나만 달랑 있거나, 비상계단에 나무의자만 몇 개 가져다 놓은 곳도 있었다. 고객용 휴게공간에 비치된 푹신한 의자와 커다란 거울과 은은한 조명과는 사뭇 대비되는 풍경이었다. 휴게공간이 부족하기 때문에 노동자들은 비상계단에 숨어 쉬는 경우가 많다. 잠시 앉을 수도 없이 몇 시간을 서서 일하는 노동자들에게 주어진 휴게공간이 이런 것이었다. 노동자들은 제대로 앉을 공간이 없어 창고나 CCTV의 사각지대를 찾는다. 남의 눈에 띄지 않는 비좁은 공간에 '쭈그리고' 있는 것이 그녀들의 휴식이다.

휴게공간은 따로 있는데 백화점 규모나 직원 수에 비하면 턱없이 부족하죠. 자리 찾다가 시간 다 보내고요. 쉴 공간이 없어서 계단에서 보내는 분들도 많아요. 어떤 백화점은 직원들이 쉴 휴게실이 따로 없어서 건의를 계속하니까 컨테이너 박스 하나를 어디서 가져와 가지고 거기에 만들어 주더라구요. 그런데 그렇게라도 된 휴게실조차 정말 없어요. :: 이은영, 백화점 의류 매장 점심시간이나 티타임에 직원 휴게실에서 쉬고. 그런데 이게 참 답답한 게 휴게실이 너무 작아요. 사람이 적을 때는 괜찮은데 12시 같은 경우에는 많은 직원들이 한꺼번에 식당에 올라가서 점심 먹고 한꺼번에 휴게실에 내려온단 말이에요. 앉아 있을 데가 없어요. 그러면 직원들이 창고로 다니는 계단이 있잖아요. 거기 가서 쭈그리고 앉아 있는 거예요. :: 박정아, 백화점 잡화 매장

여자 휴게실이 진짜 쥐콩만 해요. 다 못 앉아요. 한 층에 하나, 좌석이 한 열다섯 자리? 그냥 계단에 앉아 있고 그래요. 그나마 여기가 외곽 지역의 백화점이어서 그 정도인 편이지 도심은 엄청 좁아요. 다닥다닥이어서 다리를 뻗을 수도 없어요. 등받침도 90도로 딱딱한 그냥 나무의자예요. 진짜 싫어요. :: 주은아, 백화점 의류 매장

첫번째로 필요한 건 휴게공간이에요. 이런 것들이 너무 열악한 거예요. 계단에서 박스 깔고 쉬는 데도 있거든요? 사실 근무시간이 길잖아요? 식사시간 포함해서 11시간 거기에 있는 건데, 좀 쉴 때도 편안하고 쾌적한 공간에서 쉬어야 하지 않을까 싶은데, 실상은 그렇지 않거든요. 일부 매장, 몇몇 백화점만 빼고는 굉장히 다 열악해요. 고객용에 비해 너무 지저분하다거나. 기본적인 근무 환경이 좀 개선이 돼야 해요. 아무튼 밥을 하나 먹더라도 좀 편하게 먹고, 10분을 앉아 있더라도 좀 편하게 앉아 있어야 하는데, 찢어진 소파에 앉아 있으면 뭐 얼마나 편하겠어요? :: 정혜란, 백화점 화장품 매장

3부 책과 책, 공간의 이면

한국여성민우회 류형림 활동가는 백화점 계단에서 만난 여성노동자들의 모습을 잊을 수 없었다. "어떤 분은 컵라면을 계단에서 먹고 있었어요. 쭈그리고 앉아 핸드폰을 보는 뒷모습과 마주치기도 했고요. 전화 통화하는 뒷모습이 되게 짠하더라고요. 그렇게 계단에 앉아 있는 걸 보니까, 쉴 공간이 정말 없구나 하는 게 느껴졌어요." 그녀들은 빈 박스를 해체해서 쌓아 놓은 옆에 앉아 있었다.

류형림 활동가는 이어서 말했다. "백화점 직원은 비상통로로 다니는데, 어떤 백화점은 비상통로에 물건이 쌓여 있었어요. 화재가 나거나 사고가 났을 때 나가야 하는 통로인데 갇힐 수 있겠구나. 여기저기 다 다른 고용 형태로 일하는 사람들인데, 물건 안내 말고 대피로 교육은 안 돼 있을 거예요. 백화점에서 불 나면 참사겠구나, 싶은 생각도 들더라고요. 쉽게 대피할 수 있는 구조가 아닌 거죠. 비상 상황에서 위험하잖아요." 우다다액션단이 본 노동자의 공간은 위태롭고 위험해 보였다.

비상계단에는 안내 문구가 벽에 붙어 있었다. '감시카메라로 신분 파악 가능함. 흡연 및 취식 절대로 하지 맙시다', '흡연 시 범칙금이 부과되니 금연하여 주시기 바랍니다. 경찰관 및 단속요원 수시로 단속 중입니다', '비상계단에서 흡연 적발 시 10만 원, 즉시 사원 퇴점 조치 및 입점협력업체에 불이익이 갈 수 있습니다. 끝까지 쫓아갑니다'……. 위의 내용들은 깍듯한 말투이면서도 사뭇 위협적으로, 붉게 표기되어 있었다. 그것은 역설적으로, 직원들이 계단에서 많이 쉬며, 스트레스를 유일하게 담배로 풀며, 밥을 먹을 시간과 공간조차 빠듯

하다는 것을 보여 준다. 백화점 내에 부착된 포스터에 적힌 "계단으로 걸으면 건강에 좋다"라는 글귀를 보고 우다다액션단 배범호 씨는 "그건 왠지 너희는 엘리베이터 타지 말고 걸어 다니라고 강요하는 듯해 기분이 언짢았다"고 말하기도 했다.

일하는 사람들의 다리. 종일 서 있어야 하는 사람의 두 다리. 에스컬레이터를 타고 내려오면서 투명 유리를 통해 '매대 뒤의 풍경'을 보았다. 판매 직원들이 매대에 아랫배를 살짝 기댄 채 아픈 다리를 쉬게 하는 자세로 서 있었다. 약속이나 한 듯 세 사람이 똑같은 자세로 티 안 나게 매대에 허리를 기댄 풍경. 아, 보기만 해도 다리가, 허리가 아픈 것 같았다. 얼마나 앉고 싶을까, 하루 종일 저기 서 있으면.

:: 홍연지, 우다다액션단 수기 중에서

✦ CCTV의 감시 ✦

손님이 없을 때 직원들이 보이지 않는 계산대 뒤에 쪼그리고 앉아서 쉬는 모습을 볼 수 있었다. 1층 화장품 매장에는 손님을 위한 의자가 있었으나, 매장 내에는 정작 직원들이 앉을 수 있는 의자가 없었다. 또한 계산대 뒤에 CCTV가 설치되어 있기도 해서, 계산대 뒤에서 쉬는 상황도 어려울 것 같다는 생각이 들었다. 1층에는 2층, 3층에 비해 CCTV가 유독 많았다. 2층, 3층은 매장 사이사이에 CCTV가 있었지만 1층은 매장 안에도 CCTV가 있었다. 직원이든 고객이든 CCTV의 감시 대상이 되고 있는 것을 보니 착잡한 마음이 들었다.

:: 김영진, 우다다액션단 수기 중에서

보안을 위해 설치된 CCTV는 노동자의 노동을 실시간으로 감시한다. 또한 CCTV는 동시에 소비자를 감시한다. 백화점에 들어선 고객은 CCTV를 통해 분석의 대상으로 관찰당하며, 일련의 행동을 토대로한 마케팅 기법의 자료가 된다.[2] CCTV는 쇼핑을 하는 자와 판매하는자를 동시에 감시하는 눈이다. 우다다액션단의 모니터링 결과, 계산대바로 위에 CCTV가 설치되어 있는 경우가 많았고, 심지어는 휴게실 공간에도, 복도에도, 직원용 엘리베이터 근처에도 CCTV는 있었다. 노동자는 항상 감시받는 것을 의식하지 않을 수 없다.

매대 뒤에 방범용 CCTV가 있어요. 그런데 그 CCTV가 방범용으로 쓰일 때도 있지만 감시용으로 쓰인다고 느낀 일이 있어요. 물건을 팔다보면, 앞 쇼케이스에 상품이 있지만 밑에 있는 새 상품을 꺼내 드려야할 때가 많아요. 새 상품 정리할 때 쪼그려 앉아 이것저것 정리하고 있었는데, 갑자기 [백화점] 매니저가 사무실로 오래요. 갔더니 지금 "4분30초 동안 앉아 있었다"고 말하는 거예요. 고객님도 없던 상황이었거든요. 그러면서 "왜 그렇게 오래 앉아 있나?"고. 앉아 있다고 부른 거예요. :: 한아름, 백화점 잡화 매장

우다다액션단은 백화점을 방문하여 매장과 매장 주변에 설치된

CCTV의 개수를 기록했다. 매장 주변에 설치된 CCTV는 평균 2.58개였다.

의류 매장에서 일했던 한 여성노동자는 인터뷰에서 "아무것도 못해요, 아무것도"라고 말하고는 잠시 후 "걸리면 혼나죠"라고 덧붙였다. "정수기 물도 원래 못 먹어요. 물도 몰래 마셔야 하는데, 혼자 물을 먹다가 걸리면 완전히 혼이 나요. '너, 내가 이런 식으로 하지 말랬지?' 하고 욕을 듣게 되는 거죠"(주은아, 백화점 의류 매장).

우다다액션단의 모니터링 결과, 정수기는 고객을 위해 엘리베이터나 고객 휴게공간 근처에 설치되어 있었다. 한 층에 2대 정도만 설치되어 있었는데, 매장에서 정수기의 위치는 멀었다. 직원 통로나 휴게실에 정수기가 설치되어 있는 경우도 있었지만 매장에서 일하던 도중에 물을 마시러 가기엔 어려운 위치였다. 매장에서 아무것도 먹지 말라는 것이 백화점의 규정이다. 종일 고객을 응대하며 말을 해야 하는 것이 그들의 일이지만, 물 마시는 것조차 좀처럼 쉽지 않고 허용조차 안 되는 것이다. 의류 매장에서 일하는 한 노동자는, "의류에는 먼지가 많아 호흡기 질환이 생기는데도 물 한 잔조차 마음대로 마실 수 없어 힘들다"고 말했다.

✦ 문 하나를 넘었을 뿐인데 ✦

우다다액션단의 강선미 씨는 수십 군데의 백화점을 돌다가 마지막 모니터링 때 제대로 된 휴게실을 하나 찾을 수 있었다. '제대로 되었다'

는 것은 매장 가까이에 있고, 의자가 편하며, 장소가 청결하다는 의미다. 그마저도 백화점 건물을 통틀어 세 개 정도밖에 없었다. 휴게실 문을 살짝 열었을 때 눈에 들어온 것은 빽빽이 들어앉은 노동자들의 다리였다. "마치 핸드폰들이 줄지어 충전되고 있는 것처럼 뻗은 다리들"이 그녀의 눈에 보였다.

휴게실이 있더라도 휴게실 밖에만 나가면 다시 소모될 때까지 노동해야 하는 상황에서 휴게실 유무 자체를 넘어선 이야기도 함께 되어야 하지 않을까? 만약 노동시간이 적정하다면, 매장에서 더 자율적인 서비스를 할 수 있다면, 매장에 비치된 의자에 앉거나 물을 마실 수 있다면 휴게실은 지금보다 덜 절대적인 조건이 되지 않을까? 물론 현재 휴게실이 거의 없는 형편이나 마찬가지기 때문에 휴게실을 확충하는 것부터가 급하다. :: 강선미, 우다다액션단 수기 중에서

시간의 흐름이 정지된 곳, 바깥 날씨를 가늠할 수 없는 차단 유리, 고객들을 위해 자신의 감정은 숨겨 둔 채 인간의 기본적인 욕구인 배설과 목마름의 욕구도 참아내야 하는 곳임을 알게 되었다. 나는 그동안 백화점에서 비싼 대금을 지불한 만큼 친절과 대접은 필수적인 것으로 생각했지만 노동 환경을 지켜보면서 이 많은 백화점 노동자들이 치열한 삶의 현장에서 불편과 수모, 부당함을 참으며 살아남기 위해 견디고 있음을 알게 되었다. :: 심지선, 우다다액션단 수기 중에서

빼꼼히 문이 열린 휴게실은 마주앉으면 무릎이 겹칠 정도의 좁은 공간이었고, 양쪽으로 의자만 쭉 늘어서 있었다. 그곳에서도 직원들은 쪼그리고 앉아 있거나 누워서 휴식을 취하고 있었다. 직원들의 통로인 계단에 나가 봐도 박스를 찢어서 깔고 그 위에서 휴식을 취하는 직원들을 볼 수 있었다. 매장의 편안하고 안락한 고객용 화장실과는 대조적으로 직원용 화장실은 덜렁 두 칸의 좁은 공간뿐이었다. 어떻게 이 좁은 공간으로 해결을 할까 의구심이 들었다. 백화점 중에서도 화려하고 고급스럽기로 유명한 이곳이 직원들을 배려한 공간은 형편없는 것을 보고 섬뜩했다. 밖으로 나와 둘러볼 때는 화려한 매장, 값비싼 상품들, 직원들의 친절함……정말 가슴이 서늘해지는 대조적인 풍경이었다. :: 황은영, 우다다액션단 수기 중에서

화장실과 복도, 엘리베이터 근처 할 것 없이, 어디든 물건 상자로 채워진 모습을 보니 이곳이 정말 사람이 아니라 물건을 위한 곳이구나 하는 생각이 들었다. 아무렇게나 쌓인 저 물건 더미들이 그렇게 비싸게 팔리는 물건이라니, 우스웠다. 그리고 슬펐다. 문 하나를 넘었을 뿐인데, 여긴 이렇게 마구잡이 창고처럼 허름하고 버려진 모습이고 이 문 하나만 넘어가면, 이 물건들이 저렇게 화려하게 쇼윈도에 진열이 되어 사람의 임금보다 몇 배, 몇십 배나 비싸게 팔려 나간다.

:: 홍연지, 우다다액션단 수기 중에서

나는 사람이 환경에 휘둘리기만 하는 존재라고 생각하진 않는다. 하

지만 어떤 공간에서 일하고, 어떤 공간에서 쉬느냐가 우리에게 적지
않은 영향을 준다고 생각한다. 우다다액션단 활동을 하면서 줄곧 들
었던 생각도 그런 것이었다. 좁은 휴게실과 부족한 엘리베이터를 쓰
고, 화려한 매장에 비하면 황량하기 그지없는 직원 통로에서 생활하
면서, 함께 일하는 사람에게 각박해지지 않는 건 굉장히 어려운 일이
지 않을까. 하루 종일 매장에 서 있다 휴게실에 갔는데 자리가 없다면,
그런데 그곳에 다른 층에서 온 사람이 있다면, 혹은 겨우 자리를 잡아
쪽잠을 자려는데 어디선가 말소리가 들려온다면, 당장 옆 사람에게
울컥하지 않을 수가 없을 것이다. :: 신필규, 우다다액션단[3]

잠깐의 쉼마저 허락되지 않는 공간. 노동자들은 지친 몸을 매대에
살짝 기대고 있다가 사람들이 지나가면 몸을 확 일으켜 세우기도 했
다. 통증 때문에 한쪽 종아리를 주무르고 주먹으로 때리다가 고객과
눈이 마주치면 얼른 정자세로 돌아가 두 손을 배에 모으고 웃음을 지
었다. 아프고 지친 노동자들 곁을 말없이 지나가는 것조차, 그들의 어
쩔 수 없는 쉼을 흔들어 놓는 것조차 미안했다. 눈을 마주쳤을 때 다시
웃으려고 애쓰는 노동자의 표정을 보는 것이 더 이상 마음 편하지 않
았다.

백화점에서 특정 구역은 '직원 휴식 금지구역'이었고 벽에 붙은
경고문에는 '휴식 시 출입증 회수 및 퇴사 조치할 수 있다'는 문구가
쓰여 있었다. '내가 웃으면 매장이 활기차고 매장이 활기차면 고객이
만족하고 고객이 만족하면 우리가 행복합니다'라는 문구도 있었다.

단순히 '웃는다'는 것 그 자체, 그 웃음으로부터 매출을 끌어내는 데에만 집중할 뿐, 백화점은 노동자의 행복한 노동 조건에는 큰 관심이 없다. '지금부터 고객을 만나는 시간입니다. 다시 한번 여러분의 용모와 복장을 점검합시다'라는 어구 옆에는 꽃을 들고 활짝 웃고 있는, 원피스 차림의 여성의 사진이 있었다. '잊지 않으셨죠? 지금부터 고객과 함께하는 공간입니다'라는 어구가 적힌 포스터에는 사람의 머리 대신 하트가 얹혀 있는 직원의 모습이 그려져 있었다. 직원의 공간에서 고객의 공간으로 한 발자국 내디디면, 서비스라인의 흰 금을 넘어서면 노동자에게 요구되는 모습은 언제나 '웃고 있는 하트'일 뿐이다.

하루에 세 번 이상 가기 어려운 그곳

소설 「복경」에서 화자인 백화점 여성노동자는 '화장실에 핸드백을 두고 왔는데, 다시 올라가기 귀찮으니 주차장으로 갖고 내려와 달라'는 고객의 전화를 받는다. 이때 그녀는 이렇게 답한다. "직원은 고객용 화장실에 들어갈 수 없습니다 고객님. 고객용 화장실은 어디까지나 고객을 위한 공간이므로 고객용 화장실에 똥을 싸러 들어갈 수 있는 것은 고객뿐이고요 뭔가 쌀 작정이 아니더라도 직원은 출입 자체가 되지 않기 때문에 저는 할 수 없고 예외는 없습니다."[4]

소설 속 화자가 말하고 있듯, 노동자들은 고객용 화장실에 출입할 수 없다. 게다가 허락된 직원용 화장실의 수는 절대적으로 부족하고, 매장과 멀리 떨어져 있는 경우가 대부분이다. 공식적인 휴게실이 부족한 상황에서 화장실은 앉아서 쉴 수 있는 휴게공간으로서의 의미도 있기 때문에 더 문제가 된다. 일부 백화점에서 고객과 노동자가 화장실을 함께 쓰는 경우도 있지만, 대부분의 백화점의 실정은 그렇지 않다. 남서여성민우회의 고나경 씨는 우다다액션단 활동을 하면서, 10

여 년 전 자신이 백화점에서 일했을 때는 그렇지 않았다는 이야기를 했다. "이전에는 노동자와 고객이 같이 화장실을 썼어요. 지금이 훨씬 더 고객과 노동자를 분리하고 감시하는 것 같아요." 백화점은 더 커지고 유통업은 성장했다는데 어째서 더욱 노동자들을 분리하고 감시하는지 이유를 알 수 없었다.

1층에 직원 화장실이 있어야 하는데 어느 백화점을 가도 1층에 여자 직원 화장실이 없어요. 나는 어렸을 때부터 백화점 일을 다녀 몇십 년이 되었는데 그때도 지금도 백화점 1층에 화장실이 없어요. 다 2층에 있거나 지하로 내려가거나. 1층은 매장 둘 자리도 부족하다니까 쉴 수 있는 자리도 없어요. 고객 화장실을 못 쓰게 하고, 가면 뭐라 해요. 제가 일하는 잡화 쪽은 대부분 아줌마들이잖아요. 1층에 있는 아줌마들이 다들 나이가 40대 이상인 사람들이고 50대도 있는데 우리가 이제 나이를 먹다 보니까 소변을 참기 힘들어요. 어쩔 수 없이 고객 화장실에 가면 보통 적발되죠. 시정이 되어야 해요. :: 정민혜, 백화점 잡화 매장

직원용 화장실이 엄청 조그마해요. 세면대도 엄청 조그맣고. 그냥 화장실 하나예요. 엄청 불편하죠. 화장실에 불만사항 접수하는 함이 있는데 아무도 말 못 해요. 불만 사항 접수하면 누군지 다 안대요.
:: 주은아, 백화점 의류 매장

우다다액션단이 찾았던 직원 화장실에는 창고가 부족해 대신 쌓

아 놓은 물건 박스들이 천장에 닿도록 쌓여 있기도 했다. 고객 화장실과 달리 직원 화장실에는 타일 벽에 작은 거울이 하나 붙어 있을 뿐이었고, 화장실 문의 재질도 고객 화장실보다 싼 나무 재질이었으며 조명도 바닥 재질도 달랐고 무엇보다 좁디좁았다. 한국여성민우회의 시민설문조사 항목 중 '백화점 노동자가 고객용 화장실을 이용하는 것을 본 적이 있냐'는 질문에 '본 적이 없다'는 응답이 67.7%였다. '고객용 화장실을 노동자와 함께 이용하는 것이 불편하냐'는 질문에는 '불편하지 않다'는 응답이 1206명 중 1086명으로 약 90%에 달했다. '고객을 위한다'는 백화점의 방침이 고객들에게도 과연 그러한 의미로 다가오고 있을까? 이 설문 결과에 따르면 고객보다도 오히려 백화점이 노동자들의 화장실 사용을 '불편해'하는 것 같기도 하다. 유통업 여성노동자에 대한 연구 결과, 매장에서 1일 평균 고객응대는 36.6명인데에 비해 화장실 사용 횟수는 2.9회에 불과한 것으로 드러났다. 종일 일하면서 화장실은 3회 이상 가기 어려운 탓에 노동자들은 방광염 등 질병에 걸리고 있다.[5]

화장실에 가는 걸 자꾸 참으니까 방광이 안 좋아졌어요. 시즌 때 같은 경우에 손님은 계속 들이닥치고, 응대를 계속하니 화장실에 갈 수 없잖아요. 이 고객 응대하는데 옆에서 다른 고객님이 기다리면서 듣고 서 있어, 그러면 빨리 해야 하고, 진짜 참다 참다 정말 눈물 날 때까지 참다가 화장실에 가서 앉으면 안 나와요. 너무 참았으니까······.

:: 박정아, 백화점 잡화 매장

고객은 모른다. 눈앞에서 웃으면서 설명하고 있는 이 노동자가 실은 화장실에 가고 싶은 것마저도 참으며 웃는다는 것을. 화장실에 가고 싶은 걸 참고 참느라 급기야 눈물이 나서 쩔쩔매는 숨은 표정을 알 턱이 없다. 백화점도 이에 대해 모르는 척, 제대로 신경쓰지 않고 있다. 이들은 노동자들도 공간과 시간을 점유하는 사람이라는 것을 모른 척하는 것이다. '금싸라기 땅'에 위치해 있는 백화점에서 노동자들이 마음 편히 다리를 뻗을 수 있는 휴식의 시간과 공간을 가진다는 것이, 백화점으로서는 아깝고 쓸모없는 일로 여겨지는 것만 같다.

몸과 마음의 고통 때문에 누군가는 울고 있었을 직원 화장실, 그 안에서 마주친 거울에는 '환한 웃음, 밝은 인사, 베스트 스마일, 바로 당신입니다'라는 어구가 보란 듯이 붙어 있었다.

'직원들은 탈 수 없는' 엘리베이터

고객과 직원의 철저한 동선 분리는 노동자들이 일상적인 편의시설을 사용하지 못하게 하고 노동을 가중시키는 역할을 하고 있다. 이러한 시설 부족은 업무의 효율성을 떨어뜨리며, 노동자들 스스로 인격적으로 존중받지 못한다는 자각으로 이어진다. 이는 "해줄 수 있는데도 안 해주는 것"이기 때문이다.

　백화점 노동자는 고객들과 같은 엘리베이터를 쓸 수 없다. 한국여성민우회의 시민설문조사에서 '백화점 노동자가 고객용 이동수단을 이용하는 걸 본 적이 있냐'는 질문에 '본 적이 없다'고 응답한 비율은 70.1%였다. 직원용 엘리베이터는 몇 대밖에 운영되지 않아 기다리는 시간이 매우 길고 그 공간이 협소하다. 엘리베이터 부족으로 노동시간은 길어지고, 일 처리에 대한 압박은 심해져 간다. 엘리베이터 공간이 비좁은 것은 말할 것도 없다. 이용하는 직원이 3천 명이 넘어도, 열 대도 안 되는 엘리베이터 앞에서 발을 동동 구르며 기다린다. 출퇴근도 이 엘리베이터를 사용해야 하고, 점심시간에 직원식당에 가는 것도 이 엘리베이터를 써야 한다. 직원용 엘리베이터는 통로를 여러 번 지나가야 나오는 구석진 곳에 있다. 엘리베이터의 부족으로 이동 시간이 오래 걸리다 보니, 점심시간 때 백화점 내 식당 이용은 포기하고 비싼 식대를 내며 외부 식당을 이용해야 하는 경우도 종종 발생한다. 백화점 노동자에게 허락된 공간——엘리베이터, 휴게공간, 동선공간, 적재공간(창고)——이 절대적으로 부족한 실정은 이들의 노동을 보이지 않는 곳에서 더욱 힘들게 만드는 원인이다. "눈물이 많은 창고예요." 한 백화점 여성노동자가 말했다. 이들은 노동자로서 업무를 수행하는 데 있어 필수적인 자신들의 공간마저도 확보하지 못하고 박탈당한 상황에 놓여 있다.

엘리베이터가 좀 많으면 좋겠어요. 그리고 바쁠 때는 잠깐이라도 고객 엘리베이터나 에스컬레이터를 이용하면 좋겠어요. 대부분 밥 먹으러 직원식당에 못 가요. 백화점 본점 같은 경우는 직원식당이 13층, 15층에 있고 이용하는 직원은 3천 명이 넘는데 엘리베이터는 전층 포함해서 8대밖에 없어요. 그 중 5대는 지하 5층까지 내려가는 엘리베이터니까, 점심 먹으러 나가려면 엘리베이터 앞에서 30분은 기다려요. 그래서 지하에서 근무하는 직원들은 아예 밥 먹으러 가기가 힘들어요. 다른 데서 비싼 돈 주고 먹고, 엥겔지수가 높죠. :: 문수연, 백화점 식품 매장

직원식당이 본관 같은 경우는 15층에 있고 직원용 엘리베이터가 한 대밖에 없어서 밥 먹으러 가는데 시간이 오래 걸리는 게 참 힘들어요.

가끔 가다 저 같은 경우도 점심시간을 놓쳐 버릴 때가 있고요. 진짜 밥 한 끼라도 편하게 먹어야 하잖아요. 부랴부랴 먹고 내려오다 보면 자주 체해요. 힘들어요. 왔다 갔다 하면 30분 까먹는 건 기본이에요.

:: 박정아, 백화점 잡화 매장

직원들은 무슨 말을 해도 안 통해요. 지금 엘리베이터 하나밖에 못 쓰는 부분이 해결되었으면 좋겠어요. 짐을 나르는데 엘리베이터 하나 가지고 줄이 저기까지 서 있어요. 한번은 박스 적재하는데 그거 무조건 빼라는 거예요. 저희는 적재할 데도 없는데. 여기에서 빼라 그래서 옮기면 저기에서 빼라 그러고. 최소한 장사하라고 그러면 일을 할 수 있는 환경은 만들어 줘야 하잖아요. 그게 안 되어 있으니까 너무 힘들죠. 박스 한 번 옮기는 것도 힘들어요. 그 무거운 박스를 여자 힘으로 다 나르고 한 군데에 높게 쌓여 있는 물건 더미에서 찾는 물건이 저 안에 들어가 있으면 한 개를 꺼내려고 그거를 다 옮겨야 돼요. 물건을 꺼내고 다시 높게 쌓아 올려 놓아야 하고. 짐이 지하에 있을 때도 있고, 다른 창고에 있을 때도 있고 꼭 정해진 층에 있는 게 아니에요. 내 짐 하나 빼려면 내 짐 앞에 박스가 엄청 쌓여 있어요. 그러면 그 브랜드 박스를 하나씩 다 들어내야 돼요. 그 안에 들어가서 내가 찾는 박스를 꺼내고, 이게 또 막 넘어지죠. 그러면 다 다시 일으켜 세워야 해요. 그거는 정말 안 해본 사람은 몰라요. 눈물 날 때가 많아요. 직원들이 무리한 부탁을 한다고 생각하지 않아요. 해줄 수 있는 건데 안 해주는 거잖아요. :: 박정아, 백화점 잡화 매장

F2

고객용
직원 사용 금지

직원용 엘리베이터 위치

현위치

△
▽

Ladies

고객용
직원사용금지!

직원 화장실은
12층

어서오십시오

• • •

백화점이라는 하나의 공간이 있다. 인공의 빛으로 충만한 공간이다. 이곳에 두 개의 세계가 있다. 한곳은 빛나고 한곳은 어둡다. 한곳에서는 웃고 있으며 한곳에서는 울고 있다. 한곳은 포만감을 느끼며 한곳은 허기지다. 한곳은 여유롭고 한곳은 절박하다. 한곳은 살아나고 한곳은 죽어난다. 한곳은 다른 한곳을 알지 못한다. 노동자들이 서 있는 이곳에서는 '감히' 고객과 함께하면 안 되고, '감히' 고객에게 요구해서도 안 된다.

사람으로 좀 봐주면 좋겠어요. 고객만 사람이 아니라, 거기서 일을 하는 직원들도 사람이라고. 내가 뭔가 좀 즐거워야 하고, 내가 피곤한 게 풀어져야 고객한테 응대를 할 때에도 좋게 응대를 하는데, 항상 찌들어 있으면 웃음이 나올 수가 없거든요. 백화점이 뭔가 노동자에게 요구를 하려면 그만큼 합당하게 해주고 난 다음에 요구를 해야, 노동자도 해야 되는 몫이 있는 거죠. :: 유소영, 백화점 화장품 매장

한 백화점에 갔을 때 화장실 옆에 창문만 한 사이즈로 장이 짜여 있는 걸 봤어요. 휴게공간이 넉넉지 않으니까 개인 사물함을 놓을 수 있는 공간도 없는 거죠. 그 장의 한 칸이 지갑만 한 크기예요. 한 칸, 한 칸, 벌집 같은 모습으로 장이 짜여 있고 그 속에 한 사람의 칫솔과 치약이 들어 있거든요. 그걸 보면서 백화점에서 저만큼의 공간, 저만큼의 권

리, 저만큼의 위치가 노동자가 있는 자리인 것 같다, 그런 생각이 들었어요. :: 이소희, 민우회 활동가

백화점에서 물건을 산다는 것은 다른 노동자가 만든 물건을 또 다른 노동자를 통해 건네받는 것이다. 한국여성민우회는 '백화점에는 사람이 있다' 캠페인을 통해 서비스 판매직 여성노동자의 노동 환경에 대한 이해를 높이고 서비스 노동에 대한 존중, 인권 감수성을 높이기 위해 시민들과 함께 실제적인 변화를 만들어 나가고자 했다. 인권적 노동 환경을 만들기 위해 기업이 무엇을 해야 하는지, 시민의 입을 통해 기업의 사회적 역할을 이야기했다. 백화점 판매직 노동자의 노동 환경을 널리 알리고 고객과 백화점의 변화를 촉구하여 백화점이 '존중'이 오가는 일터가 될 수 있도록 하자고 목소리를 모았다. 우리는 분리되어 있는 세계에 살고 있지 않기 때문이다. 우리는 어디서든 연결되어 있기 때문이다. 백화점 노동자와 소비자로서 만나는 이들은 '서로에게 좋은 사람이 될 권리가 있기' 때문이다.

나가며

서로에게 좋은 사람이 될 권리

✦ 발걸음을 멈추기, 이곳의 노동을 생각하기 ✦

2014년 10월 23일, 서울 신촌의 한 백화점 앞에서 백화점 노동자들의 노동권을 되찾기 위한 캠페인이 열렸다. '존중이 오가는 백화점 만들기' 시민실천 캠페인이었다. '서비스 판매직 노동자의 인권적 노동 환경 만들기, 백화점에는 사람이 있다'라는 주제로 열린 이 캠페인에는 그동안 우다다액션단이 백화점 곳곳을 누비며 보고 들은 것들이 전시되어 있었다. 고객용 휴게공간과 노동자용 휴게공간, 고객용 화장실과 노동자의 화장실, 휴게공간으로 쓰이는 비상계단, 노동자 감시로 쓰이는 CCTV, 불필요한 서비스를 강조하는 포스터를 담은 사진들이 대로변에 크게 줄지어 모습을 드러내었다. 그 옆에는 외국 유통업 노동자들의 넉넉한 휴게공간 사진이 대조되어 있었고, 시민들이 직접 백화점을 방문해 작성한 설문조사 결과들도 있었다. 쾌적하고 고급스런 쇼핑의 공간 백화점에서 서비스 판매직 노동자들이 영업시간보다 길게 일하고, 제대로 쉬지도 못해 건강을 잃어 가면서 일해야 하는 노동 실태가 고스란히 드러났다.

지나가던 시민들은 발걸음을 멈추었다. 백화점 노동자들은 점심을 먹으러 길에 나왔다가 다른 시민들이 자신들의 노동에 대해 외치고 이야기하는 것을 목격했다. 백화점의 정규직 관리자들은 캠페인을 감시하기 위해 같은 장소에 나와 있었다. 이 때문에 백화점 판매직 여성노동자들은 드러내 놓고 캠페인 내용을 꼼꼼히 볼 수는 없었다. 하지만 흘낏흘낏한 시선으로 관심을 보이면서 걸음을 늦추었다. 아예 걸음을 멈추고 싶지는 않았을까. 일상적인 감시 때문에 시선을 오래 둘 순 없었지만 자신들이 일하고 있는 백화점의 밖에서 자신들의 노동에 대해 문제를 제기하는 사람들이 모여 있다는 것은 그녀들에게도 중요한 일이었다.

"저 여기 알고 있어요." 한 젊은 여성은 지나가다가, 설치된 배너 속의 한 사진을 손가락으로 똑바로 가리키며 말했다. "저 백화점 이름을 알아요. 제가 저기서 일했거든요. 정말 힘들었어요." 그녀는 말없이, 묵묵히 일해야 했던 그곳을 가리키며 자신이 일하면서 경험했던 것을 이야기했다. 처음으로, 자신의 노동이 어떤 것이었는지 사람들에게 큰 목소리로 말했다. 또 지나가던 몇몇 시민들은 백화점 노동과 유사한 처지에 놓인 다른 일터에서의 경험과 고충을 말하기 시작했다. 백화점 판매직 노동자들의 노동 환경을 목도하면서 자신의 일을 떠올린 것이다. 한 여성은 걸음을 멈추고 물끄러미 사진을 보고 있다가 입을 떼었다. "전 극장 매표소에서 일해요. 저희도 이렇게 똑같이 일하고 있어요. 백화점이라는 이름 대신 저희 극장 매표소로 이름 바뀌어도 다 될 것 같은 말들이네요. 바뀌어야 해요. 백화점도, 저희 일터도." 많은 사람들이 백화점 노동자의 일 앞에서 낯익은 노동 조건이라 느꼈고, 자신의 일터 상황을 떠올리며 그 두 개의 일이 연결되어 있다고 증언 했다.

민우회가 '백화점 노동자에게 물 한 잔의 권리를'이라는 캠페인을 SNS로 확산했을 때 댓글이 엄청 달렸어요. 사람들은 지금 자신들이 어떻게 일하는지를 말하고 싶어 해요. 백화점의 노동 실태를 보고 나 서, 식육 매장에서 일하신다는 어떤 분은 '밥 먹는 시간 몇십 분 빼고 는 계속 서 있어서 너무 괴롭다'라는 내용의 댓글을 달아 주셨어요. 서 비스직에 종사하는 어떤 분은 온라인 캠페인을 본 후에, '이거 보라'고 자기 친구들을 소환하면서 릴레이로 서비스 판매직 일에 대해 이야기 하도록 하기도 했어요. :: 이소희, 민우회 활동가

여성이 많잖아요. 그런 점에서 서비스 부문 노동운동은 주목해야 할 이유가 확실히 있는 거예요. 이런 구조 자체를 확실히 문제 제기해야 해요. "여자는 하는 일이 다르잖아" 하면서 임금도 적게 주고 일도 많 이 시키지만 그 일에서 경력을 쌓기가 어렵잖아요. 경력이 되지 않고 더 좋은 일자리로 갈 가능성이 많이 주어지지 않아요. 지금 여성들이 어떻게 사는지 봐야 해요. 각자 생계 유지를 하면서 살아가야 하는 사 회에서 지금 여성 문제를 이야기할 때 빼놓을 수 없는 부분이 여성의

노동인 거죠. 굉장히 많은 여성들이 서비스 부문 일자리에서 저임금
을 받으며 일을 하고 있어요. 인터뷰하면서 느꼈어요. 특정한 직종과
직무가 여성의 일자리로 굳어져 버리고 있다는 걸. 백화점 판매직, 마
트 판매직, 요양보호사 거의 다 여자잖아요. 사무직도 마찬가지예요.
저임금에 장시간 동안 일을 많이 하는 분야는 거의 다 여성들의 일자
리인 거죠. ∷ 류형림, 민우회 활동가

노동자들이 넓고 편안한 공간에서 웃으며 쉬고 있는 네덜란드 유
통업 노동자의 휴게실 사진을 보면서 한 시민이 물었다. "진짜 이런가
요?" 놀라움과 부러움이 담긴 목소리였다. "정말 그렇습니다." 시민들
은 백화점 노동자들의 노동 현실에 대해 모르고 있었다. 천천히 걸음
을 옮기고 설명을 들으면서 그들은 또 한 번 물었다. "우리나라 백화점
에서 정말 이렇게 일하고 있나요?" 그것은 백화점이라는 고급스런 소
비의 공간에 시선을 두느라 미처 관심을 두지 못했던 노동의 공간에
서 어떤 일들이 벌어지고 있는지 처음 보게 된 데서 오는 충격이었다.

'존중이 오가는 백화점 함께해요' 부스에서 사람들은 걸음을 멈
췄다. 그리고 기다렸다가 줄지어 서명을 했다. 그곳에는 존중이 오가
는 백화점을 만들기 위해 작은 것부터 실천하겠다는 약속이 씌어 있
었다.

시민들은 자신의 이름을 쓰면서 백화점 노동자의 노동에 대해 처
음으로, 혹은 또다시 생각했다. 사람을 대하는 서비스 일의 고단함을
덜 수 있는 또 하나의 조건은 시민들의 인식이 바뀌는 것이다. 서비스

〈 '존중'이 오가는 백화점 만들기 고객 실천 선언 〉

1. 백화점 노동자는 우리에게 먼저 '존중'의 말을 전합니다. 우리도 존댓말을 사용하겠습니다.

2. 원칙을 넘어선 요구는 백화점 노동자를 힘들게 합니다. 우리는 물건을 구입할 때 백화점 노동자가 안내하는 반품·환불 규정을 잘 숙지하고, 합리적인 요구를 하겠습니다.

3. 매장에 제품이 없을 때 백화점 노동자는 창고까지 다녀옵니다. 행여나 고객이 기다릴까 봐 달립니다. 우리는 그 수고를 알기 때문에 여유로운 마음으로 천천히 기다리겠습니다.

4. 작은 행동 속에서 타인을 대하는 마음이 보입니다. 계산할 때 우리는 카드와 돈을 툭 던지지 않겠습니다.

5. 매장에 들어설 때, 나설 때, 제품에 대한 정보를 물을 때 백화점 노동자는 항상 친절하게 응대합니다. 그럴 때마다 우리도 존중의 마음을 담아 감사의 인사를 전하겠습니다.

6. 고객의 성희롱은 노동자의 안전하게 일할 권리를 빼앗는 행위입니다. 우리는 백화점 노동자에게 불필요한 스킨십을 하거나 언어 성희롱을 하지 않겠습니다.

7. 백화점 노동자는 제품에 대한 정보를 구체적으로 알려주며 구매 결정에 많은 도움을 줍니다. 우리는 백화점 노동자가 해당 분야의 전문가라는 것을 항상 기억하겠습니다.

시민 ○○○

노동자의 노동 환경을 이루고 있는 한 축이 물건을 사는 사람들의 생각과 태도이기 때문이다. 사람들의 관심이 자신의 손에 들어오는 물건만이 아니라 그 물건을 건네주는 이들의 노동 환경에 닿을 때, 그 조건은 차츰 개선될 것이고, 결국 자신의 노동 환경에도 영향을 미칠 것이다. 그래서 사람들은 진지한 얼굴로 또박또박 자신의 이름을 써 나가고 있는 것이다. 직접 만나진 못했지만 용기를 내어 일터의 이야기를 들려준 백화점 노동자들의 말에 마치 답장을 쓰듯. 그렇게 한 명, 한 명이 써 낸 답장들이 모이고 있었다.

고객이 바뀌지 않는 이상 직원도 영원히 힘들어요. 그게 같이 바뀌어야 해요. 한두 사람이 할 수 있는 일이 아니잖아요. 직원 전체가 바뀌어도, 백화점 전체가 바뀌어도 바뀌는 게 아니에요. 고객이 같이 바뀌어야 해요. 세상은 같이 돌아가는 거잖아요. 여기가 돌아간다고 해서 저기가 정지되어 있으면 움직이지 않아요. 고객도 같이 이해를 해줘야 해요. :: 박정아, 백화점 잡화 매장

몇 달 동안 백화점을 계속 다녔어요. 1층부터 13층까지 걸어다녔어요. 직접 공간을 돌아보면서 알게 된 거죠. "아, 내가 그동안 백화점에 갔을 때 정말 물건을 봤구나." 백화점 공간에 다시 가서 사람을 보기 시작하니까 이전의 경험과 다르게 그 공간이 보였어요. 우다다액션단에 참여한 사람들이, 캠페인에 참여한 사람들이 다 그랬던 거죠. 일하는 사람을 보게 되었어요. 시선이 바뀔 수 있는 거구나, 변화를 체감했어

요. 시민들과 그렇게 관점을 바꾸어 이야기할 때 의미 있었어요.

:: 이소희, 민우회 활동가

✦ 서로에게 좋은 사람이 될 권리 ✦

우다다액션단을 처음 시작할 때, 마트나 백화점과 같은 유통업체들의 노동 환경에 대한 교육을 받았는데, 겉은 화려해 보이지만, 그 안에서 일하고 있는 사람들의 환경은 열악하다는 사실을 알아가게 되었습니다. 또 백화점이나 아울렛 매장, 혹은 마트에서 소비자로서의 저의 모습을 다시 보게 되었는데, 저도 모르게 그곳에서 일하는 사람들을 제대로 대하지 못하는 모습을 보게 된 것입니다. 그곳에서 일하는 사람들에게 무례하게 대한 것은 아니었지만, 그저 '물건을 파는 사람들'로 저도 모르게 인식하고 있었습니다. 그곳에서 상품을 진열하고, 소개하고, 저에게 팔려고 하는 사람들을 대함에 있어서, 무례하지 않았을 뿐, 존중하지 못하고 있었던 것을 느꼈을 때, 충격이 컸습니다. 아마 개인적으로 우다다액션단을 하면서 얻었던 가장 큰 성찰이었다고 생각합니다. :: 배범호, 우다다액션단 수기 중에서

관점을 바꾸는 것, 작은 행동의 변화, 존중의 말과 태도, 여성을 성적 대상으로 보지 않겠다는 것은 어쩌면 사회의 문화적 각본과 다른 행동이다. 가난에 대한 차별이 있고, 노동자 계층에 대한 하대가 있으며, 승자독식을 추앙하는 사회에서, 내가 돈이 더 많다고 우쭐대지 않

고, 일하는 사람의 노동을 존중하며, 여성을 동등한 동료로 대하기 위해, 사회적으로 싸워 나가야 할 일이 아직 많기 때문이다. 그렇기에 문화적 각본을 함께 바꾸기 위해서 시민들이 각자의 걸음을 멈추어 생각하고 다시 바라보는 일이 절실하다. 거대한 차별에 맞서기 위해서 우선 다른 이의 삶과 노동을 들여다보고 공감하는 것이 필요했다. 시민들은 고객 실천 어구가 적힌 스티커를 결제카드에 붙여, 백화점에서 계산을 할 때 판매직 노동자에게 전했다. 한 사람이 눈앞에 있는 사람에게 당신을 존중하고 함께하고 있다고 메시지를 전한다. 그런 것들이 실제로 조금씩 조금씩 관계 자체를 바꾸어 낼 것이었다. 그 스티커를 보았던 백화점 노동자가 말했다.

난 이 말이 참 좋아요. "우리는 서로에게 좋은 사람이 될 권리가 있습니다." 이 말도 좋아요. "노동자에게 존중의 말을 사용하겠습니다." 막 반말 하는 고객들이 있어요. "이거 줘, 저거 줘." 이렇게 하는 고객님 카드에 이 스티커를 제가 붙여 놓고 싶네요. "서비스 받을 때 감사의 인사를 하겠습니다." 이 말도 좋아요. 이런 게 필요해요. 움직여야 해요. ∷ 정혜란, 백화점 화장품 매장

우다다액션단 활동을 하면서 우리가 혹시 백화점 측의 모니터로 오해받으면 어떡하나 고민했죠. 우리끼리 고민을 하면서 원칙들을 세워 나갔어요. 백화점에 갈 때 '당신 편입니다' 하는 어떤 표시 같은 것들을 하자, 가서 꼭 인사한다거나 나갈 때 잘 봤다고 인사를 한다거나,

노동자들이 느낄 수 있는 다른 만남들이 필요하다고 생각한 거죠. 물건을 보고 나서 '잘 봤습니다' 한마디 인사를 하고 나갈 때, 일하시는 분들의 표정이 미묘하게 편안해지는 게 느껴졌어요.

:: 이소희, 민우회 활동가

기업의 과도한 서비스 방침으로 인해 노동자만이 일방적인 '과잉 친절 의무'에 찌들어 있고, 고객의 '갑질' 사건들이 저녁 뉴스에 심심치 않게 등장하는 이 현실 속에서 우리는 어떤 사람으로 살고 있을까? 어떤 고객, 어떤 노동자, 어떤 동료로 살고 있을까? 당장 오늘부터 서로에게 보다 존중을 다해 대하는 것 역시 변화를 위한 작은 한 걸음이 될 수 있을 것이다. 그러나, 기업이 짜놓은 '과도한 서비스 방침'이라는 각본을 바꾸지 않는다면, 우리는 영원히 '더 좋은 고객', '더 친절한 노동자'밖에는 될 수 없을 것이다. 그렇기 때문에 일터와 삶터에서 마주치는 서로가 서로에게 보다 좋은 사람이 되어야 할 '의무'가 있다고 말하기보다는, 서로에게 더 좋은 사람이 될 수 있을 '권리'가 필요하다고, 그러한 권리를 사회가 보장해 달라고 말하고 싶다. 이는 백화점이 짜 놓은 각본의 수정을 요청하는 일이다. 내게 필요한 물건과 서비스를 제공하는 사람, 내가 파는 물건을 필요로 하는 사람, 그리고 나와 함께 일하는 사람에게 인격적인 대우가 가능하도록 하는 환경을 요청하는 일이다. 그것은 단순히 노동자이거나 고객인 '나 자신이 인격적으로 대접받을 권리'를 넘어서, 우리들 모두가 일터와 삶터에서 마주치는 '타인을 인격적으로 대할 수 있도록' 그 환경이 변해야 한다는 의

〈'존중'이 오가는 백화점을 만들기 위해 백화점에 요구합니다!〉

1. 백화점 노동자는 일의 특성상, 말을 많이 합니다. 그래서 목이 자주 탑니다. 하지만 매장에서 물을 마실 수 없는 경우가 많습니다. 물 마실 권리는 당연한 권리입니다. 백화점 노동자가 매장에서 자유롭게 물을 마실 수 있게 되기를 요구합니다.

2. 백화점 노동자는 화장실이 급해도 고객용 화장실을 사용할 수 없고, 고객용 엘리베이터와 에스컬레이터를 사용할 수 없습니다. 우리는 백화점 노동자가 고객용 화장실과 이동수단을 함께 사용해도 괜찮습니다.

3. 백화점 노동자는 긴 시간 동안 일을 합니다. 백화점 노동자의 적정한 휴게시간과 충분한 휴식공간을 보장하여야 합니다.

4. 백화점 매장에는 의자가 있지만 백화점 노동자는 앉을 수 없습니다. 매장에 손님이 없어도 항상 서 있습니다. 우리는 하루 종일 서서 일하는 백화점 노동자가 매장에 앉을 수 있게 되기를 요청합니다.

5. 백화점은 고객감동을 위해 백화점 노동자를 계속 평가합니다. 손님으로 가장해 백화점 노동자를 평가하는 미스터리 쇼퍼 제도는 백화점 노동자를 긴장과 스트레스 속에서 일하게 합니다. 긴장과 스트레스는 좋은 서비스를 만들지 못하게 하는 걸림돌입니다. 우리는 미스터리 쇼퍼 제도 폐지를 주장합니다.

6. 백화점 노동자가 고객의 부당한 행동(폭언, 폭력, 성희롱 등)을 겪을 때 스스로를 보호할 수 있는 권한을 보장하고, 노동자를 보호하는 백화점이 될 수 있기를 바랍니다.

미를 담고 있다. 그리고 우리는 믿는다. 우리가 '서로에게 좋은 사람이 될 권리'를 요구하는 것이, 결국 어딘가에서는 노동하며 살아가고 있을 우리 모두를 위한 변화를 만들어 낼 것임을 말이다.

우다다액션단과 한국여성민우회는 존중이 오가는 백화점을 만들기 위해 백화점에 직접 요구하는 안도 만들었다. 그 속에는 인터뷰에서 노동자들이 말했던 요구가 담겨 있었고, 설문조사에서 시민들이 백화점에서 목격하고 답한 내용 역시 반영되어 있었다. 백화점에 대한 시민의 요구안은 일터에서 백화점 노동자가 자유롭게 물을 마시고, 고객용 화장실과 이동수단을 함께 사용하며, 충분한 휴게시간과 휴게공간을 보장받을 수 있도록 하라는 내용을 담고 있다. 또한 종일 서 있는 백화점 노동자가 휴식을 위해 매장 안에서 앉을 수 있고, 미스터리 쇼퍼 제도에 시달리지 않으며, 고객의 부당한 행동에 대해 일터에서 보호받을 권한을 가질 수 있도록 요구했다.

한국여성민우회는 백화점 노동자의 노동 환경 개선을 위한 전국적인 캠페인을 벌였다. 고양파주여성민우회, 군포여성민우회, 광주여성민우회, 서울남서여성민우회, 원주여성민우회가 백화점 노동자의 노동 환경을 바꾸기 위한 캠페인을 함께 진행했다. 청소년들에게 백화점 노동자들의 노동인권에 대한 교육을 하고, 지역에서 여성들의 좋은 일자리로 서비스 판매직 일이 정립되기 위해서는 어떤 시도들이 있어야 하는지 논의했다. 지역 조례 제정이나, 지역 정치에서 여성 일자리 정책에 관심을 가질 것을 촉구하는 방안 등이 토론되기도 했다. 노동자에 대한 백화점의 정책이 바뀌기를 요구하며 서명운동을 대대적으로 벌였고, 2015년 3월 8일 여성의 날에는 이 서명과 함께 백화점에 대한 요구안을 이른바 '빅3'라 일컬어지는 롯데, 신세계, 현대 백화점에 전달했다. 시민들이 백화점의 노동 환경을 어떻게 보고 있으며, 어떻게 바뀌어야 한다고 생각하는지 직접 전했다.

대기업은 '고객'이라는 단어를 허울 좋게 입맛대로 쓴다. 자신들의 무자비한 이윤 추구를 위한 장시간 영업도 '고객이 원하니' 하는 것이고, 노동자에 대한 통제도 '고객을 위해서' 그렇게 한다고 둘러댄다. 그러나 사실 고객은 원하지 않는다. '고객'이 죽은 단어가 아니라 살아 있는 사람들을 지칭한다면 그렇다. 당신은 지갑을 가진 존재로만 규정되는 고객인가? 하고 물어본다. 줄지어 있는 서명들은 '아니다'라고 한다. 우리는 타인의 고통에 공감하며 연대할 수 있는 사람이고, 그런 우리가 백화점에서 이루어지는 노동이 가혹하다고, 그것을 더 묵과할 수 없다고 소리 내어 말하고 있는 것이다. 노동자에게 공간과 시간을 되돌려 주고, 노동자의 건강과 삶을 지키는 기업이 되기를 요구하는 것이다. 다른 노동자의 고통 앞에서 고객이 행복해질 수 있다는 것은 어불성설이기 때문에. 다른 사람의 노동 조건이 가혹하다면 그것은 결국 다른 노동자들에게도 되돌아오는 부메랑이기 때문에.

✦ 달의 뒷면을 마주하기, 발걸음을 옮기기 ✦

"달의 뒷면을 본 것 같았다"고 활동가들은 말했다. 보이는 것만 보게 되는 백화점에서 보이지 않는 곳을 보게 되었을 때 '처음엔 심장이 터지는 것 같았다'고 했다. '관계자 외 출입 금지'라는 팻말이 붙어 있는 문 너머의 공간이 어떻게 생겼는지도 모르고 지금껏 백화점을 드나든 것이 섬뜩할 지경이었다. 기업과 자본은 두 개의 공간, 두 개의 시간, 두 개의 세계로 사람들을 그렇게 철저히 분리해 놓고 있었다. 그것을 거부했을 때에야 비로소 사람들을 볼 수 있었다. 노동이 이루어지는 좁디좁은 공간, 숨 막히는 정 자세. 그러한 장면의 목격은 다시 자신의 노동을 들여다보는 시선으로 변할 수 있었다.

우리는 일터에서의 경험들을 말하는 대신 숨기면서 견뎌내고, 일터에서 나오면 소비의 공간으로 들어가 마음껏 웃고 떠들며 잊고 싶어 한다. 그러나 소비의 공간, 백화점은 또 다른 사람의 일터였다. 10시간 넘게 노동하고 매출 압박에 죽음의 언저리까지 내몰리는 노동자들 앞에서 아무렇지 않게 지갑을 열고 닫으며 경쾌한 표정을 짓는 것은 참 이상한 풍경이다. 사람들은 그렇게 갈라져 있었다.

그러나 우리의 시공간이 언제까지 갈라질 수만 있을까? 노동의 세계가 삶의 세계에서 추방될 수 있을까? 노동은 어쩔 수 없이 견뎌내야 하는 낙인이 아니라, 삶의 든든한 부분이 되어야 한다. 우리는 다른 노동자의 노동을 들여다보며 나의 행복과 다른 이의 행복을 이어 보고 싶다는 마음을 느낀다. 그리고 이러한 마음은 '우리 노동자들을 지켜라, 감시하고 내치지 말라, 노동자와 고객을 분리하지 말라'는 요구와 목소리로 이어졌다.

백화점 노동자를 비롯한 대형마트·콜센터 등 '감정노동' 종사자들의 노동권 문제 해결을 위해 2014년에는 '감정노동전국네트워크'도

결성되었다. 여러 단위의 시민단체들을 비롯하여 전국의 노동조합, 연구단체, 한명숙 의원실, 장하나 의원실 등이 모여, 서비스·유통·판매직 감정노동 종사자들의 건강권과 인권 보호를 위한 법안 제정 및 개정에 힘써 왔으며, 20대 국회에서도 이러한 움직임은 계속될 예정이다. 서비스 노동은 더욱 확산되지만 노동 환경은 더욱더 열악해지고 비정규직화가 가속되는 현실에서 노동자들이 연결되고 연대할 수 있는 계기를 만들어 가는 것이 필요하다.

이러한 일련의 움직임들은 서로가 서로에게 좋은 사람이 되기를, 물건을 사이에 두고 비인간적인 고객과 무력한 노동자가 되는 것을 우리의 힘으로 거부할 수 있기를 많은 시민들이 바라고 있다는 것을 보여 준다. 이러한 '관계의 끝'을 조장하고 사람의 감정과 인격을 물화시키는 거대 유통 기업 백화점의 정책에 대해서 시민으로서, 노동자로서, 인간으로서 거부하겠다는 것이다.

시민들은 걸음을 늦추고, 백화점 노동자들의 일터를 들여다보았다. 그리고 결코 낯설지 않은 모습들을 만났다. 우리의 시선을 저 높은 곳에서 거두고 맞은편에 둔다면, 무한한 것처럼 보이는 물건에서 유한한 사람의 노동으로 눈길을 옮긴다면 나와 아주 닮은, 외로운 얼굴을 마주하게 될 것이다. 우리는 이러한 서로에게, 좋은 사람이 될 권리가 있다. 우리에게는 '우리의 일터'를 바꾸어 낼 시간이 아직 남아 있다.

1부 · 백화점 노동의 이면

1 김종진, 「서울 지역 유통업 여성 노동 및 건강권 실태: 서울 지역 백화점과 면세점 설문조사 결과를 중심으로」, 서비스연맹 유통분과 워크숍 발표자료, 2012.

2 김종진, 「유통업 노동시장과 고용구조를 통해서 본 여성 종사자 노동 환경 문제점과 개선과제」, 유통업 여성 근로자 근로조건 개선 토론회, 2013.

3 2013년 상반기 유통업 업태에서 백화점, 할인점, 아울렛, 면세점은 총 566개 점포가 있었으며 해당 종사자는 45만~50만 명으로 추정되었다. 백화점은 전국에 77개 매장이 있으며 백화점의 직영사원은 전체 종사자의 10~20% 이내, 협력업체 소속 사원은 전체 종사자의 80% 이상으로 추정된다(김종진, 「유통업 노동시장과 고용구조를 통해서 본 여성 종사자 노동환경 문제점과 개선과제」, 유통업 여성 근로자 근로조건 개선 토론회, 2013).

4 김재민, 『유통업 여성근로자 노동 환경 현황 및 개선방안』, 서울시여성가족재단, 2012.

5 김종진, 「서울 지역 유통업 여성 노동 및 건강권 실태: 서울 지역 백화점과 면세점 설문조사 결과를 중심으로」.

6 조순경, 「신자유주의 정책의 생산과 여성주의 개입의 정치학」, 한국여성연구원 엮음, 『지구화 시대 여성과 공공정책의 변화』, 푸른사상, 2005, 60쪽.

7 같은 글, 56쪽.

8 강이수·신경아·박기남, 『여성과 일』(개정판), 동녘, 2015, 132~133쪽.

9 김원정,「값싼 노동에 내몰리는 여성들: 어긋난 비정규직 대책이 만든 현실」,『오늘보다』, 통권 제4호, 2015년 5월.

10 「OECD "빈부격차 사상 최대"」,『한겨레신문』, 2015년 5월 23일.

11 「금수저·흙수저는 현실, 한국은 신계급사회로 가고 있다」,『경향신문』, 2015년 11월 18일 사설.

12 김종진,「백화점 및 할인점 일자리와 노사관계 특징」, 은수미 외,『유통·서비스산업 고용 관계』, 한국노동연구원, 2009.

13 민주노총 서비스 연맹 정민정 국장과 한 인터뷰에서(안미선,『여성, 목소리들』, 오월의봄, 2014, 141쪽에서 재인용)

14 김종진,「우리나라 서비스 노동자의 노동시간과 점심시간 실태」, 한국노동사회연구소, 2013년.

15 김종진,「서울 지역 유통 여성 노동 및 건강권 실태: 서울 지역 백화점, 면세점 설문조사 결과를 중심으로」.

16 포괄산정임금제란 계산의 편의와 매월 지급되는 임금액이 달라지는 것을 막기 위해 연장수당(시간 외 근로) 등의 수당을 합한 금액을 매월 일정액으로 지급하는 것을 말한다. 많은 사업장에서 활용되고 있는 방식이나, 구두상으로는 효력이 없고, 노동자에게 불이익이 없는 선에서만 유효한 방식의 지급 방법이다. 연장근로가 많은 백화점 노동자의 경우, 포괄산정임금으로 월급을 책정할 경우, 실제 따로 계산했을 때보다 월급이 적은 경우가 발생할 수 있을 것이다.

17 오영희 외,「출산과 양육 친화적 직장환경에 대한 국민인식」,『저출산·고령사회 대응 국민인식 연구』, 한국보건사회연구원, 2012.

18 김종진,「서울 지역 유통 여성 노동 및 건강권 실태: 서울 지역 백화점, 면세점 설문조사 결과를 중심으로」.

19 같은 글.

20 김종진,「유통업 노동시장과 고용구조를 통해서 본 여성 종사자 노동 환경 문제점과 개선과제」.

21 김종진,「서울 지역 유통 여성 노동 및 건강권 실태: 서울 지역 백화점, 면세점 설문조사 결과를 중심으로」.

22 프랑스는 최근 치솟는 실업률 등으로 인한 경기 침체 타파를 위해, 109년간 지켜 온 일요일 영업 제한 전통을 완화하기로 결정했다. 그러나 이는 노조의 동의가 있어야 가능하고, 2016년 1월 현재, 아직 일요일에 문을 여는 백화점은 없다고 보도되고 있다. 백화점 경영진이 노동자들에게 "일요근무에 대해서는 봉급을 두 배로 지급하

고 교통비와 자녀 보육비까지 지원하겠다"고 제안했으나, 노조는 '원칙'을 문제 삼으며 이를 거부했다. 프랑스에서는 현재까지 백화점의 질주를 막을 강력한 '전통'과 소통 가능한 노조를 바탕으로 노동자의 권리가 보호되고 있다(「노조 반대로 무산된 프랑스 백화점 '일요 영업'」, 한국경제, 2016년 1월 24일 참조).

23 김재민, 『유통업 여성근로자 노동 환경 현황 및 개선방안』.

24 김종진, 「유통업 노동시장과 고용구조를 통해서 본 여성 종사자 노동 환경 문제점과 개선과제」.

25 정지현, 「유통서비스 여성노동자의 현실과 쟁점」, 『사회운동』, 통권 107호, 2012.

26 '파트리더'는 각 상품을 총괄하며 매출관리, 행사기획, 고객·서비스 관리 업무를 하는 직원을 말한다. '서비스라인'은 각 층마다 서비스를 총괄하고 점검하는 백화점 직원을 말한다. 백화점마다 부르는 명칭과 소속이 다르다.

27 김종진, 「유통업 노동시장과 고용구조를 통해서 본 여성 종사자 노동환경 문제점과 개선 과제」.

28 박찬임 외, 『서비스 산업의 감정노동 연구』, 한국노동연구원. 2012.

29 김재민, 『유통업 여성근로자 노동 환경 현황 및 개선방안』.

30 캐런 메싱, 『반쪽의 과학』, 정진주 옮김, 한울, 2012, 216~220쪽.

31 김영선, 『과로 사회』, 이매진, 2013, 128~129쪽.

32 제24조의2(고객응대업무로 인한 건강장해 예방) [신설] ① 사업주는 고객 등을 주로 상대하는 업무(이하 '고객응대업무'라 한다)에 종사하는 근로자에 대하여 고객 등의 폭언 또는 폭력, 기타 직무스트레스 등으로 인한 건강장해를 예방하기 위하여 고용노동부령으로 정하는 바에 따라 필요한 조치를 하여야 한다. ② 사업주는 고객응대업무에 종사하는 근로자가 고객 등의 폭언, 폭력 또는 무리한 요구 등으로 인하여 건강장해가 발생한 경우에는 업무의 전환, 근로시간의 단축, 휴식시간의 연장 등 필요한 조치를 취하도록 노력하여야 한다. ③ 제1항에 따른 건강장해 예방조치를 하여야 할 사업의 종류 및 규모, 그 밖에 필요한 사항은 대통령령으로 정한다.

33 「감정노동자법, "고객 갑질하면 업무 중단해도 된다"」, 『시사저널』, 2016년 7월 8일.

34 「감정노동자 보호 대책 마련 시급하다」, 『한겨레신문』, 2013년 12월 7일 사설.

35 「백화점 15년차 '베테랑' 판매사원 죽음 뒤에 가려진 진실」, 『한겨레신문』, 2015년 11월 18일.

36 최근에는 '푸시 머니'(push money)라고도 이야기한다. 특정 제품을 회사가 지정하면, 그 제품을 팔 때마다 개인 또는 해당 카운터에 인센티브가 주어지는 것을 가리키는 용어이다.

37 김영선, 『과로 사회』, 64~67쪽.

38 김종진, 「백화점 및 할인점 일자리와 노사관계 특징」.

39 대한안경사협회, 「전국 안경 및 콘택트렌즈 사용률 조사」, 2013.

40 Chris Warhurst, Dennis Nickson, Anne Witz, A. M. Cullen, "Aesthetic Labour in Interactive Service Work: Some Case Study Evidence from the 'New' Glasgow", *Service Industries Journal*, 2000, 20(3), pp. 1~18.

41 심선희, 「미적 노동, 신체의 동원과 개발」, 『한국여성학』, 29권 2호, 2013년.

2부 · 백화점 서비스의 이면

1 앨리 러셀 혹실드, 『감정노동』, 이가람 옮김, 이매진, 2009, 189~190쪽.

2 이정훈 외, 『유통산업 감정노동 연구: 백화점·면세점·마트·SSM·로드샵 노동자의 감정노동 실태와 정책 과제』, 서울노동권익센터, 2015.

3 「유통노동자 절반 '감정노동 위험'」, 『한겨레신문』, 2015년 12월 6일.

4 「또 직원이 고객에 '무릎사죄'」, 『한겨레신문』, 2015년 10월 18일.

5 고나경, 우다다액션단 참여 수기에서 참조.

6 감정노동 수행의 척도는 "같은 회사 동료가 아닌 고객, 승객, 학생, 환자 등 사람들과 직접 대면하는 일"을 하는지 여부를 묻는 문항에 "근로시간 1/4 이상"이라고 답하고, "화가 나도 감정을 숨겨야 하거나 항상 웃으면서 하는 일"인지의 여부를 묻는 문항에 "가끔 이상"으로 답한 사람을 통계치로 나타낸 것이다(김종진, 「서비스산업 감정노동 대응과 규제양식」, 박찬임 외, 『서비스 산업의 감정노동 연구』, 한국노동연구원, 2012).

7 김종진, 「백화점 및 할인점 일자리와 노사관계 특징」.

8 김종진, 「서비스산업 감정노동 대응과 규제양식」, 박찬임 외, 『서비스 산업의 감정노동 연구』, 한국노동연구원, 2012.

9 「다산콜 상담사 성희롱 땐 바로 고소·고발」, 『한겨레신문』, 2014년 2월 10일.

10 「'직원에게 무례한 고객 내보내겠다' 안내문 내건 이유는요?」, 『한겨레신문』, 2015년 11월 25일.

11 EBS 자본주의 제작팀, 『EBS 다큐 프라임 자본주의』, 가나출판사, 2013, 206쪽.

12 2013년에 로레알 코리아 노동조합은 감정노동 수당 9만 원, 감정노동 휴가 1일, 치유 프로그램 1년 3회를 보장하는 내용의 노사 협상을 체결했으며, 2013년 엘카, 시

세이도, 엘브이엠에이츠, 클라란스, 부루벨 면세점, 엘코 면세점, 부산 신세계 면세점, 교보 핫트랙스, 부산 노보텔 호텔, 전북은행도 감정노동 수당을 3~10만 원으로 책정하거나 감정노동 휴가를 두는 등의 내용으로 노사 협상을 체결했다(「힘든 마음 드러내라. 동료 손 잡아라. 보상 요구하라」, 『한겨레신문』, 2013년 12월 4일 참조).

13 「유통 노동자 절반 '감정노동 위험'」, 『한겨레신문』, 2015년 12월 7일. (이정훈 서울 노동인권센터 연구위원의 인터뷰 내용 중에서)

14 강준만, 『갑과 을의 나라』, 인물과사상사, 2013, 13쪽.

15 EBS 자본주의 제작팀, 『EBS 다큐 프라임 자본주의』, 249~250쪽.

16 혹실드, 『감정노동』, 105~117쪽.

17 윤정은, 「항상 웃어야 하는 게 제일 힘들어」, 『여성주의 저널 일다』, 2007년 12월 31일.

18 김종진, 『서비스 노동자는 어떻게 일하는가』, 한국노동사회연구원, 2011, 35쪽.

19 최장집, 『노동 없는 민주주의의 인간적 상처들』, 후마니타스, 2013, 9쪽.

20 「백화점 판매수수료 인하? 공정위 발표는 엉터리」, 『한겨레신문』, 2016년 1월 27일.

21 백화점 판매수수료율은 공정거래위원회와 납품업체 간 발표치의 차이가 있다. 공정위에서 2015년 백화점 판매수수료율을 분석한 결과 셔츠 및 넥타이는 33.9%, 잡화는 31.8%, 여성 정장은 31.7%였으나, 납품업체는 백화점이 해당 품목에서 각각 40~42%, 33~40%, 35~47%의 수수료를 받는다고 했다(의류와 잡화는 백화점 매출의 80%를 차지한다). 공정위가 매출 비중이 큰 상품이 아니라 전체의 판매수수료율을 단순 평균해서 발표한다고 납품업체는 문제를 제기하고 있다. 「백화점 판매수수료 인하? 공정위 발표는 엉터리」, 『한겨레신문』, 2016년 1월 27일.

22 「백화점·홈쇼핑 폭리, 말로 해서 해결될 일인가」, 『경향신문』, 2011년 9월 6일 사설.

23 「수법도 다양한 백화점들의 불공정 횡포」, 『한국일보』, 2010년 8월 5일 사설.

24 「'3중고' 중소기업, 대기업 횡포에 눈물 흘린다」, 『경향신문』, 2012년 8월 24일 사설.

25 「백화점·홈쇼핑 폭리, 말로 해서 해결될 일인가」, 『경향신문』, 2011년 9월 6일 사설.

26 공정거래위원회는 2016년 3월 8일 전국 13개 백화점과 입점협력업체 간 계약서를 심사해 불공정 약관 35개를 바로잡았다고 밝혔다. 시정된 계약서는 입점협력업체가 백화점과 새로 계약을 맺거나 기존 계약을 갱신할 때 효력을 발휘한다. 백화점은 앞으로 입점협력업체의 매장 위치를 옮기거나 파견 종업원 교체를 요구할 때 제한을 받게 된다. 고쳐진 약관은 매장 위치나 규모 변경은 충분한 이유가 있을 때만 가능하도록 하고 매장 인테리어 변경도 백화점과 사전에 협의해 비용을 나누며, 종업원 교체도 정당한 사유에 따른 불만이 세 차례 이상 접수됐거나 고칠 기회를 줬는데도 따르지 않는 경우에 한정하도록 했다(「입점업체 울리는 백화점 약관 고쳤다」,

『한겨레신문』, 2016년 3월 8일).

27 「중소업체 목줄 죄는 3대 백화점의 횡포」, 『국민일보』, 2011년 10월 27일 사설.

28 「'블랙프라이데이' 백화점은 웃음꽃 피었는데, 납품업체는 울었다」, 『한겨레신문』 2015년 10월 9일.

29 "국회 산업통상자원위원회 이채익 의원이 롯데·현대·신세계백화점으로부터 제출 받은 국정감사 자료에 따르면 매출과 재고 부담을 납품업체가 져야 하는 '특약매입' 비중이 2014년에 72.7%에 달했다"(「백화점, 중소 협력사 재고 부담 여전히 떠안 겨」, 『매일경제』, 2015년 9월 13일).

30 "백화점이나 마트, 시장에 직접 가지 않고 인터넷으로 쇼핑을 하는 소비자가 크게 늘고 있다. 국내 인터넷 쇼핑몰 시장 규모는 지난해 18조 1000억 원에서 올해 20조 원으로 증가해 백화점 총매출액(20조 4000억 원)에 육박했다. 13년 만에 국내 인터 넷 쇼핑 판매액은 2001년 3조 3000억 원, 2005년 10조 7000억 원으로 매년 급증했 다. 인터넷 이용 인구와 맞벌이 부부 증가에 따른 생활패턴 변화, 거래 품목의 다양 화, 물류비용 절감에 따른 가격 할인으로 '모니터 쇼퍼'가 늘었다"(「年 20조 원 인터 넷 쇼핑, 소비자 보호 강화해야」, 『동아일보』, 2009년 10월 13일).

31 「백화점 점원들이 거리로 나선 까닭은」, 『한겨레21』, 2010년 2월 10일.

32 황정은, 「복경」, 『한국문학』, 통권 297호, 2015년 봄.

33 「유통노동자 절반 '감정노동 위험'」, 『한겨레신문』, 2015년 12월 7일.

34 김영선, 『과로 사회』, 66~67쪽.

35 「롯데백화점 매니저 왜 투신을 선택해야만 했나?」, 『노컷뉴스』, 2013년 4월 29일.

36 「"더 이상 백화점 일 하고 싶지 않다" 한 감정노동자의 극단적 선택」, 『매일경제』, 2013년 7월 10일.

3부 · 백화점 공간의 이면

1 "연구조사에 의하면 백화점의 경우 일하는 층에 휴게실을 설치한 곳은 55.6%, 일하 는 층에 직원이 사용 가능한 화장실이 있는 경우 42.3%, 직원이 이용 가능한 보육시 설의 경우 8.4%, 판매직이 이용 가능한 시설은 6.5%에 불과하며 수유시설은 9.2%에 불과했다. 따라서 고객 편의로 설치되어 있는 시설은 많으나 하루 종일 매장에서 일 하는 직원을 위한 시설 설치는 미흡하였다"(김종진, 「서울 지역 유통업 여성 노동 및 건강권 실태: 서울 지역 백화점과 면세점 설문조사 결과를 중심으로」).

2 EBS 자본주의 제작팀, 『EBS 다큐 프라임 자본주의』, 211~213쪽.

3 「백화점 여직원 휴게실에선 왜 싸움이 잦을까?」, 『오마이뉴스』, 2014년 10월 20일.

4 황정은, 「복경」.

5 김종진, 「서울 지역 유통업 여성 노동 및 건강권 실태: 서울 지역 백화점과 면세점 설문조사 결과를 중심으로」.